L'identité en jeu

Pierre Moessinger

CreateSpace, San Bernardino, CA, 2014
ISBN-13: 978-1495995941
ISBN-10: 1495995941

TABLE DES MATIÈRES

INTRODUCTION

J'ai profité de cette nouvelle version, entièrement revue et corrigée, d'un livre paru aux PUF en 2000, pour clarifier la notion d'identité et pour articuler mon travail autour de la distinction entre sociétés individualistes et sociétés traditionnelles. Cette nouvelle version est à la fois plus claire et plus spéculative que la précédente : les caractéristiques et les modalités de fonctionnement de l'identité sont précisées et explicitées, tout en étant situées dans le cadre de systèmes macrosociaux qui restent encore peu explorés dans leur généralité.

À l'instar de sa précédente version, ce livre n'a pas l'ambition de faire un tour d'horizon des recherches actuelles sur le thème de l'identité. Celles-ci sont extrêmement nombreuses et riches, mais, il est vrai assez peu intégrées. On a parfois l'impression d'approches incompatibles, qui se réfèrent à des choses différentes. Les chercheurs le reconnaissent d'ailleurs indirectement, qui insistent sur le fait que la notion même d'identité est équivoque, que le rôle de l'identité, sa nature et sa portée sont problématiques, que la place de l'identité dans le rapport individu-société est à clarifier. Dans une telle situation, quand un domaine d'étude est un peu figé, quand les recherches spécialisées n'apportent que peu de résultats aux problèmes fondamentaux – même si elles sont par ailleurs utiles pour préciser certains contours –, ce que l'on peut faire de mieux est de proposer de nouvelles idées synthétiques, de nouvelles hypothèses d'ensemble. Je me place donc davantage dans le contexte de ce que Polya appelait des « problèmes à trouver » que dans celui des problèmes à résoudre.

On voit en général l'identité comme une identification à des catégories (par exemple « homme », « belge », « stagiaire »,

« célibataire », etc.), celles-ci s'imposant à l'individu en même temps qu'il cherche à se situer par ses auto-catégorisations. Cependant, en insistant sur les seules identifications, on donne de l'identité une vision photographique ; or les identifications changent suivant les situations, en particulier lorsqu'on change de milieu social ou de rôle social. Il faut donc aller au-delà de ces photographies, au-delà même de la simple observation de leur succession, et essayer d'en comprendre la dynamique sous-jacente, c'est-à-dire les processus, ou « mécanismes » auxquels cette dynamique obéit. Nous verrons que, outre des mécanismes régulateurs, il y a aussi de processus qui conduisent à des changements de configuration identitaire. La réduction de la dissonance joue à cet égard un rôle important, conduisant souvent l'individu à changer, en général sans qu'il s'en rende compte, la représentation qu'il a de lui-même, changement qui joue un rôle important dans la dynamique de l'identité. La honte, et, dans une certaine mesure l'envie, constituent des régulateurs identitaires, jouant le plus souvent le rôle de freins aux changements identitaires, mais peuvent parfois les susciter. La double contrainte, réponse à une injonction paradoxale, constitue une perturbation identitaire, suivie généralement d'un retour à l'équilibre antérieur. Ces mécanismes, qui règlent les identifications – y compris les plus « profondes » – et leur évolution, permettent de mieux comprendre comment fonctionne l'identité.

Après avoir présenté ces mécanismes et leurs spécificités, je m'arrête sur les manières d'être au monde. Reprenant la distinction entre individualisme et romantisme, je cherche à mettre en évidence le fait que ces deux tendances vont de pair, et qu'elles jouent un rôle identitaire central. A ces contenus identitaires se superposent des styles d'interaction avec les autres, dont j'esquisse les caractéristiques principales. Pour faire court, je présente ici une conception de l'identité qui est à la fois psychologique et sociologique, composée de 3 dimensions : (1) des appartenances à des catégories sociales, à l'intérieur desquelles les individus agissent et se situent (et dans lesquelles ils peuvent se reconnaître), qui sont plus ou moins profondes, (2) des mécanismes identitaires, qui modifient ou maintiennent les identifications, et (3) des traits identitaires, qui se superposent à des traits de caractère ou de personnalité.

J'ai voulu ici, comme je l'ai fait ailleurs, relier les niveaux psychologiques et sociologiques. J'espère ainsi éviter que le lecteur ne soit dépaysé par une excessive spécialisation ; mais c'est surtout une manière de respecter la réalité, qui nous vient comme un tout, et non pas par morceaux déconnectés. Même si le spécialiste peut momentanément occulter les domaines voisins du sien, il faut, tôt ou tard, relier dans l'esprit ce qui est connecté dans la réalité.

Remerciements. — J'ai bénéficié au cours de mon travail de nombreuses discussions et suggestions. Parmi mes interlocuteurs, j'aimerais remercier particulièrement Mario Bunge, Robert Ebguy, Sarah Farouhd, Maurice Graber, Thierry Hentsch, Fanny Herlem-Cohen, Jean Kellerhals, Patrick de Laubier, Daniel Sangsue, et Mariza Zavalloni. Ma reconnaissance va aussi à Jean-Claude Coletti, Marlène Jaouich, Anna Lalieu, et Evelyne Thommen, qui ont bien voulu lire une version provisoire de ce livre, et auxquels je dois de nombreuses corrections et développements. (J'ai cependant aussi maintenu des idées qu'ils rejettent.) Je dois aussi mentionner que ce livre a été écrit dans le cadre d'une recherche subventionnée par le Fonds national suisse de la recherche scientifique.

CHAPITRE PREMIER

L'identité et ses approches

> Comme des bibliothèques aux multiples rayons que l'on classe, déplace, aménage, lentement nos identités se recomposent.

> Viviane Chocas

I. QUESTIONS DE MÉTHODE

Les psychologues n'étudient pas tant l'identité que l'idée que l'on se fait de soi (*self-concept*), proche de ce qu'on appelle le moi. Ils l'analysent en posant à leurs sujets des questions du type : « Qui êtes-vous ? », « À quels groupes appartenez-vous ? », « Comment vous situez-vous par rapport aux autres ? » ou « Qu'est-ce que cela signifie pour vous d'être... (un homme, un Français, une mère de famille, un étudiant, etc.) ? » Les psychologues en viennent ainsi à classer les individus dans des catégories et des sous-catégories ; à distinguer et à articuler ces différentes indentifications, et à en chercher l'organisation en les reliant au savoir de l'individu, à ses valeurs, son idéologie, sa vision du monde. Ils étudient et distinguent les contenus de l'identité, qu'il s'agisse d'une idéalisation, de contenus proto-conscients, ou de catégories sociales, par exemple ; ils cherchent à comprendre la construction de l'identité ou son évolution ; pour ce

11

faire, ils interrogent des individus à des périodes différentes de leur vie ; ils s'intéressent aussi aux efforts de l'individu pour maintenir une certaine cohérence dans ses idées sur lui-même et pour agir selon ce qu'il pense être lui.

Bien entendu, en interrogeant les individus, on capte principalement ce dont ils prennent conscience. Or, les mécanismes identitaires se cachent souvent dans les ressorts profonds de la conduite et n'apparaissent pas toujours dans les raisons invoquées par les individus eux-mêmes. Lorsqu'un individu dit par exemple : « Je ne sais pas pourquoi, mais je me retrouve régulièrement dans telle situation », il prend conscience qu'il y a là une régularité de sa conduite, mais ne comprend pas les raisons de cette régularité. Le moi conscient étudié par les psychologues voit mal ses propres racines, comme il voit mal le poids de son environnement social. Dans la mesure où le moi est guidé par l'identité d'une manière qui échappe à l'individu, ce dont il prend conscience ne suffit à expliquer l'identité, qu'il s'agisse de son contenu, de ses hésitations ou de son évolution.

BÉHAVIORISME ET HERMÉNEUTIQUE : DEUX EXCÈS

Une part importante de la psychologie actuelle est d'inspiration béhavioriste, c'est-à-dire qu'elle ne s'intéresse qu'à ce qui est observable, excluant toute hypothèse sur la structure ou sur les processus. Une telle position rend difficile l'étude de l'identité, qui n'est pas immédiatement observable. C'est là d'ailleurs un mode de pensée qui, au-delà de la psychologie, envahit les sciences sociales. De même que les positivistes rejetaient la notion d'essence et réduisaient la connaissance à celle des « phénomènes », les néopositivistes rejettent l'explication, et en restent à la mise en évidence de généralités ou de régularités. Ils rejettent la notion de cause, qu'ils considèrent comme métaphysique, et écartent *a fortiori* les explications en termes de processus supposés. Refusant de voir les mécanismes, ils s'intéressent surtout au rôle des circonstances. En psychologie, ils rendent compte de la conduite et de la pensée du sujet par l'environnement de celui-ci. La notion de structure de la pensée (à la Piaget, par exemple) leur est complètement étrangère. Ils ne peuvent donc pas comprendre pourquoi des enfants de cultures différentes répondent de la même manière à des questions portant sur la pensée logique. Ils ne peuvent pas comprendre que les individus puissent être orientés par une rationalité interne, voire qu'ils puissent faire preuve d'autonomie. Pour le comprendre, il faut en effet faire des hypothèses en termes de mécanismes sous-jacentes, de systèmes de pensée et de leur dynamique. Ils se taisent sur la pensée, sur le conscient, sur l'inconscient[1].

Certes, les béhavioristes (qui sont les néopositivistes de la psychologie) font des sondages ; ils posent à leurs sujets des questions du type « que pensez-vous de ceci ou de cela ? », mais ne s'intéressent qu'à la question de savoir de quelle situation (environnement) tel type de réponse est caractéristique, et pas aux mécanismes de la pensée. Ce courant, très majoritaire, a constitué l'essentiel de la psychologie du xxe siècle. La réaction, bien sûr, s'est organisée, mais, comme cela est souvent le cas, les réactions minoritaires tendent à être excessives (ce qui, incidemment, les condamne à rester minoritaires). En psychologie, les réactions furent essentiellement phénoménologiques et antisystématiques, ce qui n'a fait que conforter les béhavioristes dans l'idée qu'il n'y avait pas d'objectivité en dehors de leur point de vue.

Il reste qu'il y a des champs de la psychologie où le béhaviorisme n'a jamais été très présent. C'est le cas de l'étude des processus de pensée, particulièrement de la conscience, du moi et de l'identité. Le problème est que cette absence a laissé le champ libre à l'herméneutique. Je qualifie d'herméneutique toute approche qui cherche à pénétrer ce qui fait l'unicité d'un individu (ou d'une œuvre) pour en dégager le sens, non pas le sens scientifique, qui résulte de comparaisons systématiques, mais le sens privé, subjectif, unique. Selon cette approche, qui privilégie le langage et la communication, comprendre un fait social, c'est en interpréter le sens, un peu comme on interprète un texte. Encore faut-il ajouter qu'une telle interprétation est conçue de manières différentes selon les auteurs : pour Dilthey, il s'agir de capter la cohérence intérieure (d'un texte), pour Husserl et Max Weber, il s'agir de cerner l'essentiel d'un phénomène (quitte à la caricaturer), tandis que des auteurs tels que Simmel ou Raymond Boudon cherchant à capter « les raisons des acteurs sociaux » (cf. Ossipow, 1998).

II. LE CONCEPT D'IDENTITÉ

On définit en général l'identité à partir des deux facteurs que sont l'unité et l'unicité. L'unité se réfère à un ensemble de propriétés individuelles qui se modifient peu, à la continuité de l'individu. L'unicité se réfère à la spécificité de l'individu, à ce qui fait qu'il est différent des autres, et renvoie souvent au vécu et à la subjectivité. En d'autres termes, l'identité est vue sous un double aspect : ce qui fait qu'une personne est identique à elle-même, et ce qui fait qu'une personne est elle-même et non pas une autre. Nous verrons que l'unité doit être conçue dans une perspective dynamique, et que l'unicité est, dans une certaine mesure, un faux problème.

UNITÉ

Si l'identité est le fait d'être identique à soi-même, cela suppose une certaine continuité de l'individu. On cherche souvent, à capter cette continuité dans les traits permanents d'un individu dont on peut dire qu'il a « toujours été » comme cela, que « c'est bien lui », ou qu'on le « reconnaît bien là ». Il faut donc chercher à distinguer cette continuité de l'individu des différentes identifications qu'il peut adopter selon les circonstances sociales dans lesquelles il est plongé. Il reste que certaines identifications ne sont pas superficielles, elles peuvent renvoyer à l'identité profonde de l'individu, comme nous le verrons à propos de l'identité collective. Il faut aussi se garder de penser que la profondeur est révélée par la constance – un individu peut garder la même habitude conventionnelle, ou le même tic, toute sa vie –, sans que cela ne dise rien d'intéressant sur lui ; ce qui est durable n'est pas forcément profond (mais ce qui est profond est en général durable). L'identité n'est donc pas immédiatement ni empiriquement accessible, on ne l'approche que par un effort d'abstraction, un travail de comparaisons et de différenciations entre traits caractéristiques d'un individu. Un tel travail, toujours perfectible, demande de bien maîtriser les analogies.

Quand on parle d'unité, on exclut une identité éclatée, multiple, insaisissable, changeante. Les notions d'unité et de continuité renvoient l'une à l'autre : la continuité est toujours la continuité de quelque chose qui a une certaine unité (même une identité éclatée peut garder une certaine constance dans son éclatement), et, pour qu'on puisse parler d'unité, il faut que ce quelque chose dure (une identité instantanée ne serait que de peu d'intérêt).

Nous sommes souvent nous-mêmes à la recherche de notre propre unité. Une telle recherche, toujours en mouvement, souvent remise en question, peut atteindre des niveaux de conscience, d'acuité, très variés. Elle peut être rivée à un idéal, à une obsession, peu remise en question, ou se baser sur des observations plus ou moins systématiques de soi. Dans ce cas, ces tentatives, aussi cohérentes soient-elles, restent inévitablement bornées par la subjectivité des expériences vécues. La limite est immédiate : quand un individu cherche à se connaître, il le fait à partir de ses conduites (y compris ses croyances, désirs, intentions, etc.), conduites qui dépendent largement des circonstances de sa vie. Il en vient ainsi à ignorer qu'il aurait agi différemment dans d'autres circonstances, il en vient à ignorer le psychologiquement possible. A cette éviction du possible s'ajoute l'égocentrisme, la centration sur soi, ou, si l'on préfère, la difficulté de la décentration, un problème sur lequel ont insisté de nombreux auteurs, qu'ils soient historiens, anthropologues, sociologues, psychologues ou psycho-sociologues. En d'autres termes, nous sommes mal placés pour parler de notre propre unité.

Freud semble avoir pressenti que l'identité n'est pas une entité ; qu'il n'y a pas une identité comme il y a un moi ou un surmoi. Il n'a cependant pas toujours bien distingué identité et surmoi, l'identité étant, selon lui, liée au complexe d'Œdipe. L'acceptation d'un rôle social se résume alors essentiellement à l'identification au parent du même sexe. Même si Freud n'aborde qu'incidemment le concept d'identité, c'est tout de même dans le camp de la psychanalyse, en particulier à travers le travail d'Anna Freud et d'Erikson, que cette notion s'est initialement développée. Pour Erikson, l'identité trouve son origine dans le moi, plus particulièrement dans le moi idéal. Sans doute, le moi idéal est-il lié au surmoi, mais Erikson insiste sur le fait qu'il est aussi imbriqué dans les relations sociales passées et actuelles du sujet. D'Anna Freud, Erikson (1972, 1982) retient l'importance de l'adolescence dans la constitution de l'identité, et de ce qu'elle appelle la crise sociale de l'adolescence. Erikson fait remonter cette crise à un conflit entre les attentes sociales et la représentation que l'adolescent a de lui et de ces attentes.

C'est cependant James qui est considéré comme le premier à avoir utilisé le terme d'« identité » (Levita, 1966). Il affirme : « Je suis identique à ce que j'étais dans le passé parce que hier et aujourd'hui j'appelle miennes les mêmes choses. »[2] Freud, qui connaissait le travail de James, n'a cependant pas accepté cette manière de voir l'identité, sans doute parce qu'il voyait mal à quel fonctionnement psychologique elle correspondait. En tout cas, une

16

telle conception de l'identité en tant que continuité de la personne, n'entrait pas dans les catégories de pensée de Freud. Par ailleurs, James insiste sur l'importance des relations sociales dans la constitution de l'identité, ce qui ne plaisait sans doute pas à Freud, lui rappelant les conceptions d'Adler (l'importance des relations sociales relativisant celle de la libido).

Poursuivant la même idée, certains auteurs se sont intéressés davantage à ce que la société dépose au fond des individus. La notion de personnalité de base de Kardiner (1969) se réfère à la détermination des individus par la structure familiale. Fromm (1995) cherche, lui aussi, à coordonner la structure pulsionnelle des individus et la société dans laquelle ils vivent. L'essentiel de l'unité est cherchée par ces auteurs dans les manifestations individuelles du lien individu-société.

Mais si l'identité n'est pas une entité, qu'est-ce que c'est ? Dans la citation que je reproduis ci-dessous (bien qu'elle ne soit pas limpide), Erikson parle de « configuration » :

> [L'identité] surgit de la répudiation sélective et de l'assimilation mutuelle des identifications de l'enfance ainsi que de leur absorption dans une nouvelle configuration qui, à son tour, dépend du processus grâce auquel une société (souvent par l'intermédiaire de sous-sociétés) identifie le jeune individu en le reconnaissant comme quelqu'un qui avait à devenir ce qu'il est.

Mais qu'est-ce qu'une configuration ? Du point de vue ontologique, il s'agit d'une propriété, ou un ensemble propriétés, dont on veut relever le côté structurel. Sans doute Erikson pense-t-il à une propriété individuelle (comme le sont le caractère, la personnalité ou les mécanismes de défense par exemple). Mais il faut aller plus avant. Si cette propriété est la continuité de soi, alors cette continuité doit être maintenue par des mécanismes de type homéostatique, mécanismes qui seraient alors constitutifs de l'identité. Mais alors *quid* des changements d'identité ?

Une vision immobile de l'identité

L'idée d'une continuité de soi paraît évidente à soi, et bien difficile à réfuter par soi-même. Vu de l'intérieur, en effet, on est bien toujours le même. On peut être « communiste à 20 ans », changer complètement d'orientation dix ou vingt ans plus tard, sans pour autant se désavouer, sans renier la continuité de soi. De son point de vue, l'individu verra sans doute que c'est précisément l'idéalisme de sa jeunesse qui l'a conduit à devenir ce qu'il est. Minsky (1988) illustre le problème de la prise de conscience de la continuité en imaginant le petit dialogue suivant :

Êtes-vous la même personne qu'autrefois, à l'époque où vous ne saviez pas parler ?
Bien sûr, d'ailleurs qui d'autre pourrais-je être ?
Voudriez-vous dire que vous n'avez pas changé du tout ?
Certainement pas. Je veux seulement dire que je suis la même personne, identique sous certains aspects, différent sous d'autres, mais que c'est toujours le même moi.
— Mais comment pouvez-vous être la même personne qu'avant d'avoir appris à vous souvenir ? Avez-vous même la moindre idée de ce que c'était ?
— Peut-être. De toute façon, il doit y avoir une certaine continuité. Même si je ne m'en souviens pas, j'étais sûrement aussi cette personne (p. 89).

Cette dernière réponse rejoint le sens commun, qui a tendance à voir dans l'identité quelque chose de permanent tout au long de la vie. L'identité se réfère ici à l'identique. On occulte le changement, l'évolution individuelle, et on conçoit une identité immobile. Cependant, comme le suggère Minsky, il est très difficile de trouver des traits psychologiques qui soient permanents de l'enfance à l'âge adulte, et quand on en trouve, on ne peut que les définir de manière très vague. Par ailleurs, on ne sait souvent pas si de tels traits sont profonds ou superficiels. Après tout, il se peut qu'ils soient simplement liés à des circonstances qui ont peu changé au cours de la vie de l'individu. On a pourtant envie de voir dans l'identité quelque chose qui dure, même si on a de la peine à capter ce quelque chose. Mais cette quête de permanence ne doit pas nous faire oublier que l'identité s'inscrit toujours dans un processus vital et que, comme tout processus vital, elle associe changement et maintien de certaines propriétés structurelles.

On peut se demander pourquoi nous n'acceptons pas, ou très difficilement, l'idée d'une identité changeante. Sans doute nous heurtons-nous à un problème essentiellement cognitif : on *postule* une identité fixe et permanente, tous les changements observés renvoyant dès lors à autre chose qu'à l'identité. Il y a là une manière assez légère de traiter l'identité. On a beau observer qu'un don Juan est devenu un mari attentif, qu'un immigré s'est remarquablement bien intégré, ou qu'un tueur en série est devenu aumônier dans une prison, on parlera de changements de personnalité, on va superficialiser ces changements en les considérant comme des accidents, on ne les verra pas comme des changements d'identité. Si un adolescent introverti devient un adulte extraverti, on dira que c'est un changement de personnalité tout à fait normal. On dira la même chose si un adolescent extraverti devient un adulte introverti. Bref, on considérera une fois pour toutes que l'identité est ce qui est identique et que l'identique constitue l'identité, ce qui est une manière de résoudre le problème en le posant. On confond identité et individu. Ainsi la notion d'identité devient-elle une notion *a priori*. Notons qu'on fait la même erreur avec la notion d'identité collective. On va souvent chercher l'identité collective – nationale par exemple – dans la nuit des temps. Chaque groupe, en construisant son identité, a tendance à créer des fictions historiques qui servent à affirmer la continuité, et à occulter les changements et les revirements, comme l'a bien montré Jean-François Bayart (1996). On occulte ainsi l'évolution des contenus identitaires.

UNICITÉ

De même que sa propre continuité est immédiate, on ne met que rarement en doute sa propre unicité. Rappelons que, du point de vue de l'individu, l'unicité est le sentiment d'être différent, ou original, au point de se sentir unique, voire incomparable ou incommensurable. Un tel sentiment peut aussi bien s'accompagner d'un sentiment de cohérence que d'un sentiment d'éparpillement ou de division de soi (on peut se sentir unique dans sa diversité). Ajoutons que l'unicité n'est pas seulement un sentiment à propos de soi ; c'est aussi, même s'il est un peu moins immédiat, un sentiment à propos des autres. De même qu'on reconnaît à un autre de l'unité et de la continuité, on lui reconnaît aussi de l'originalité, des particularités, bref une certaine unicité : on ne le confond avec aucun autre, on entre avec lui dans une relation unique, etc. Les idées d'unité et d'unicité se superposent et ont des frontières floues.

Il est banal de relever que les individus ont souvent une vision assez déformée d'eux-mêmes. Ils se disent tolérants alors qu'ils ne le sont pas, intelligents alors qu'ils ne le sont que très inégalement ; ils surestiment leurs capacités (sauf s'ils sont un peu dépressifs) ; ils considèrent en général leur mode d'adaptation au monde comme incomparablement supérieur à celui des gens qu'ils côtoient (les meilleurs jugements qu'ils sont capables d'énoncer sur eux-mêmes sont ceux qu'ils ont formé à partir d'opinions d'autres individus). Le peu de prise de conscience des nos propres caractéristiques psychologiques tient au fait que nous voyons les différences qui nous opposent aux autres bien avant de voir les ressemblances qui nous rassemblent. Or nous devons voir en quoi nous ressemblons aux autres pour entrevoir ce que nous avons de spécifique. Si nous sommes, dans une large mesure, dans l'inconscience de nous-mêmes, c'est parce que nous ne voyons pas ce qui nous rapproche des autres. L'individu ne saurait donc tirer son unicité de cette inconscience, qui est d'abord une incapacité. Bien sûr, nous pouvons essayer de nous faire le secrétaire passif de nos conduites, mais nous ne pouvons avoir aucune garantie de cette passivité. On ne peut en effet entrevoir son unicité que difficilement, et non pas tant par un « travail personnel » que par des comparaisons systématiques avec d'autres individus, d'autres milieux, cultures ou sous-cultures. Cela fait, encore faut-il être capable de bien maîtriser les analogies et de tirer l'essentiel des ressemblances et des différences, faute de quoi nous risquons d'être comme des « Indiens quand ils ne font rien d'autre que d'être calmement des Indiens », comme dit Erikson. L'identité n'est alors pas appréhendée, car elle ne fait pas problème.

La connaissance de l'unique

On peut chercher à étudier en quoi un individu est différent (d'un autre, de la majorité, voire de tous les individus d'un groupe), mais si on le situe ainsi par rapport à la connaissance qu'on a des autres, on ne capte pas directement son unicité. C'est le vieux problème de la « socratéité » de Socrate. Chercher à capter l'unicité renvoie a des approches herméneutiques, qui peuvent prendre des formes diverses, mais qui se distinguent de la connaissance systématique et n'apportent pas les mêmes garanties. Même si dégager le sens qu'un individu (ou une chose) a pour soi est important, et même cognitivement – ou plutôt heuristiquement – important, la quête de l'unicité ne se confronte pas à la réalité et n'est pas livrée à des mécanismes qui garantissent la correction d'éventuelles erreurs.

Dans *Sagesse et illusions de la philosophie*, Piaget cherche à montrer qu'il n'y a pas de véritable connaissance de l'unique. Selon lui, pour connaître un individu dans ce qu'il a de différent des autres, il faut passer par des comparaisons avec d'autres, qui nous éloignent précisément de ce qu'il a d'unique. Ajoutons que ces comparaisons et les hypothèses qui en découlent doivent elles-mêmes être confrontées aux connaissances psychologiques contemporaines, cette confrontation nous éloignant encore de l'unicité. Suivant cette idée, plus ces comparaisons seront nombreuses et systématiques, plus elles concerneront de niveaux (par exemple sociologique, psychosociologique, psychologique, physiologique), et plus la connaissance de l'individu sera adéquate et profonde. Encore faut-il préciser que Piaget écrit un pamphlet contre la psychologie philosophique et une défense du rationalisme. Sans doute est-il ainsi conduit à occulter le rôle heuristique de la recherche de sens, que l'on peut, au moins partiellement, assimiler à une approche herméneutique.

Mêmes si nous ne pouvons pas connaître *directement* un individu, c'est un fait que nous nous livrons constamment à de telles tentatives de « connaissance », cherchant à dégager le sens qu'ont pour nous l'existence et la conduite des autres. Mais ce sens, même s'il est important pour soi, et même s'il prépare des hypothèses qui pourront ensuite être confrontées aux faits, reste éminemment subjectif. Sans doute y a-t-il au cœur de ce débat (que je ne fais qu'esquisser ici), un malentendu sur la notion de connaissance. Pour les partisans des approches systématiques, on ne peut connaître qu'en se dégageant de son point de vue propre – et par conséquent en se dégageant du sens qu'on attribue rapidement et imprudemment aux choses –, tandis que pour ceux qui préfèrent les approches herméneutiques, chercher à dégager le sens (au moyen de procédures, diverses), c'est déjà connaître. Nous l'avons vu, il faut chercher à réconcilier ces deux points de vue en reconnaissant l'intérêt et l'utilité d'une démarche herméneutique dans la création et la préparation d'hypothèses en sciences sociales et humaines, et la nécessité d'une démarche rationnelle dans la corroboration et la justification des hypothèses.

Pour des raisons qui tiennent peut-être à une sorte d'anthropocentrisme, le souhait d'entrer dans l'unicité de la chose étudiée est beaucoup plus vif dans les sciences sociales et humaines que dans les sciences de la nature. Il y aurait donc un fossé ontologique entre les deux groupes de disciplines, qui est creusé et recreusé par le dualisme, en particulier le dualisme corps-esprit. L'illusion d'une « connaissance » permettant d'entrer directement dans une conscience est constamment entretenue par le désir de connaître les autres, ainsi que par une sorte d'élémentaire confusion entre soi et autrui, qui est à la base de l'identification[3]. Cette illusion est aussi, il faut le dire, confortée par l'ignorance de la psychologie (c'est-à-dire à la fois par le fait que la psychologie est largement ignorée et par le fait qu'elle ignore encore beaucoup). Du point de vue méthodologique, elle est aussi entretenue par la supposée inadéquation entre les méthodes des sciences de la nature et celles des sciences sociales (à quoi s'ajoute la confusion entre science et positivisme).

On peut penser que la connaissance *directe* de soi par soi est « herméneutique par essence », comme dit Steedman (1991). Une telle « connaissance » serait étroitement liée aux points de vue fluctuants, aux états d'âme du sujet, et serait peu sensible aux contradictions. J'observe cependant que, lorsque je cherche à me connaître, j'effectue certaines comparaisons entre moi et les autres, et entre mes conduites dans le temps. En d'autres termes, ce n'est pas exactement le même moi qui agit et qui se regarde. Par ailleurs, j'évalue ces connaissances sur moi, je cherche à dépasser les contradictions, c'est-à-dire à augmenter la connaissance que j'ai de moi. Certes, ces tentatives sont assez limitées, et je suis constamment victime de déformations, car le moi qui étudie et celui qui est étudié interagissent. Cela devrait me conduire à évaluer prudemment mes propres connaissances sur moi, mais pas à renoncer à développer de telles connaissances.

Cependant, même s'il n'y a pas de *connaissance* de l'unique, le sentiment d'unicité de soi (et de l'autre) joue un rôle existentiel important. Von Foerster (1991) raconte à ce sujet qu'un des ses amis, Victor Frankl, psychiatre à Vienne, s'est vu amener un jour, peu après la fin de la seconde guerre, un patient en état de profonde dépression. Cet homme avait survécu à plusieurs camps d'extermination, dans lesquels il avait été enfermé avec sa femme. Celle-ci était morte quelques mois après la fin de la guerre d'une maladie contractée dans un camp. L'homme sombra dans la dépression. Il ne mangeait plus, ne participait plus à la vie autour de lui ; il se laissait choir. Frankl, après avoir longuement et vainement essayé d'entrer en contact avec lui, lui posa la question suivante : « Supposons que j'aie le pouvoir de créer une femme exactement identique à la vôtre. Vous ne verriez aucune différence ; son apparence, ses goûts, ses souvenirs, tout serait exactement identique à votre femme. Me demanderiez-vous de créer une telle femme ? » Il y eut un long silence. Puis l'homme dit « non », et se tut à nouveau. Peu après, dit Frankl, il reprenait une vie normale.

L'hypothèse de Frankl, telle que la rapporte von Foerster, est la suivante : « Cet homme a vécu à travers le regard de sa femme. Quand elle est morte, il a cessé de voir. Mais quand il a vu qu'il était aveugle, il a pu voir. » Au fond, ce que dit le psychiatre par cette métaphore de la vision, c'est que l'homme a fait le deuil de sa femme. Mais cette hypothèse ne dit pas pourquoi il a fallu passer par la fiction d'une copie parfaite de sa femme. On peut aussi penser qu'à la question du psychiatre, cet homme a été quelque peu dérouté. La femme que lui proposait le psychiatre n'était pas sa vraie femme, ou plutôt c'était bien sa femme, sauf précisément dans ce que celle-ci avait d'unique. Bien sûr, la question du psychiatre n'est qu'un jeu de l'esprit, mais elle conduit notre homme à prendre conscience du fait que la différence entre sa vraie femme et sa copie, dont il ne veut pas, est infime. En d'autres termes, il comprend que ce qui fait que sa femme est unique (pour lui) se réduit à presque rien, et peut-être même ce presque rien est-il sa propre création. Il lui reste donc à faire le deuil d'une chose infime, voire d'une illusion.

Cette anecdote nous conduit à des questions qui ont leur importance : l'unicité d'un individu est-elle autre chose que ce que nous projetons sur lui ? Pourquoi l'unicité des individus – et des choses – qui nous entourent est-elle si importante pour nous ? Ces questions nous renvoient à une autre question, souvent implicitement posée, qui est celle de l'attirance. Nous ne pouvons nous empêcher de nous demander : « Pourquoi suis-je attiré par telle personne et non pas par telle autre ? Pourquoi ces deux individus, qui ont l'air si mal assortis, s'entendent-ils si bien ? », etc. Il faut bien reconnaître que la psychologie actuelle ne nous est pas d'un grand secours pour répondre à de telles questions. Bien entendu, cela ne justifie pas la conviction selon laquelle la connaissance des personnes doit être fondamentalement différente de la connaissance des choses, mais cela pose la question de savoir que faire de ces questions embarrassantes. Ici encore, par manque de connaissances générales, nous sommes renvoyés à l'unicité de l'individu, c'est-à-dire finalement à l'incapacité de penser l'individu. On ne peut pas, sur ce sujet, articuler des idées, les faire tourner dans notre esprit, envisager des hypothèses sérieuses, etc. Nous avons d'ailleurs souvent conscience de cette incapacité, et nous nous plaisons à évoquer, avec notre propre complicité, des « théories » que nous savons fumeuses, telles que l'astrologie ou d'autres modes de divination.

ENTRE DEUX MOIS

Revenons aux psychologues et aux psychosociologues, qui, nous venons de le voir, s'intéressent principalement à la manière dont le sujet lui-même se catégorise. Ils s'intéressent à la signification, pour l'individu, de ses propres indentifications, c'est-à-dire aux ramifications d'associations mentales auxquelles elles conduisent (Zavalloni et Louis-Guérin, 1984) et à l'organisation, par l'individu lui-même, du contenu de ses identifications. Reste à expliquer ces identifications, en particulier à essayer de déterminer d'où elles proviennent. Nous retrouverons bien sûr dans les réponses à cette question le fameux problème de l'articulation entre l'explication psychologique et l'explication sociologique, un problème de liens micro-macro.

On peut partager les études sur le concept de moi en deux tendances, l'une cherchant à approcher le « vrai » moi, l'autre insistant sur sa nature situationnelle et sociale. Selon la première approche, il existe au fond de l'individu, un « vrai » moi, qui est au cœur de la personnalité et qui ne serait que peu vulnérable à l'environnement social[4]. Selon la deuxième approche, le moi dépend d'abord de l'environnement, et varie donc suivant cet environnement, en particulier suivant l'environnement socio-culturel[5]. Chacun de ces deux points de vue conduit à voir le moi différemment et à s'intéresser à des problèmes différents. Par exemple, les théoriciens du « vrai » moi cherchent à distinguer dans les identifications celles qui sont les plus profondes ; ils cherchent à mettre en évidence la cohérence de l'organisation des représentations individuelles, ou à distinguer parmi ces représentions et identifications celles qui sont les plus stables. Pour les théoriciens du moi social, en revanche, le moi est un produit d'interactions sociales, et constitue un reflet des groupes sociaux auxquels appartient (ou a appartenu) l'individu. Outre la sociologie, plusieurs courants psychologiques adoptent cette perspective, qu'il s'agisse de la psychologie culturelle (qui insiste sur l'importance de la culture dans les conduites individuelles), herméneutique ou littéraire (qui voit l'individu comme un « texte »), ou phénoménologique (qui s'intéresse au vécu du la socialité). Tous insistent cependant sur la variabilité du moi, certains mettant l'accent sur la variété des mois (Dortier, 1988), reflet de l'appartenance du l'individu à des groupes sociaux multiples, d'autres sur la « fausseté » (Snyder, 1980) du moi « vide » (Cushman, 1990).

Cette opposition entre deux perspectives, l'une plutôt psychologique, l'autre plutôt sociologique, continue à paralyser l'étude du moi. Il est temps de reconnaître qu'il y a là deux points de vue sur la *même chose*. Quand on étudie le moi avec le microscope de la psychologie, on voit mal le rôle de la socialisation (qui, au moment où on étudie un individu, appartient toujours à son passé). Quand on étudie le moi avec le télescope de la sociologie, on ne s'intéresse que peu aux mécanismes psychologiques, ou, si on s'y intéresse, on les voit comme résultant du fonctionnement social. Il vaudrait mieux voir le moi comme un ensemble de propriétés à la fois individuelles et sociales. Cela n'exclut pas que tel ou tel groupe de spécialistes adopte un point de vue limité pour étudier le moi. Après tout, l'approche scientifique commence par une limitation et une délimitation des problèmes. Mais il faut alors que de tels spécialistes n'ignorent pas pour autant les autres points de vue sur leur objet d'étude, car ce qui est connecté dans la réalité doit l'être aussi dans les esprits de ceux qui pensent cette réalité ; ceci ressemble toutefois à un vœu pieux, les spécialistes restant avant tout des spécialistes. Certes, une certaine intégration des points de vue psychologique et sociologique est en route, mais de manière timide. Par exemple, certains mécanismes de l'organisation des représentations de soi et des autres ont été mis en évidence, qui vont dans le sens d'une intégration psychologie-sociologie. Je pense à des processus décrits dans les manuels de psychologie sociale tels que l'influence sociale (normes, conformisme, soumission), la comparaison sociale, ou la recherche de l'équité, qui sont des mécanismes de conservation du moi *et* d'intégration sociale. Ces processus, cependant, qui lient psychologie et psychologie sociale, outre qu'ils ne concernent pas directement l'identité, restent un peu déconnectés de la sociologie.

IDENTITÉ ET CULTURE

Les sociologues, comme les théoriciens du moi social mentionnés ci-dessus, renvoient le moi et l'identité à la société, c'est-à-dire au jeu des appartenances et des rôles sociaux. Comme chez les psychologues, l'identité est définie en termes de catégories, mais cette fois on s'intéresse peu aux raisons qui font que l'individu se sente appartenir à telle ou telle communauté ou catégorie sociale ; ce n'est pas l'individu qui s'identifie, c'est le sociologue qui fait le travail d'inclusion. Ce n'est donc plus tant le sentiment d'appartenance de l'individu lui-même qui importe, qu'une catégorie d'âges, de revenus, une place dans la famille, une religion, un comportement. Le sociologue s'intéressera aussi à la manière selon laquelle les individus sont socialement catégorisés : des auteurs tels que Proust ou Stendhal nous rappellent qu'on était bourgeois ou aristocrate indépendamment de sa propre vision des choses et indépendamment des efforts que l'on pouvait faire pour s'inclure dans telle ou telle catégorie sociale. Elias (1993) évoque le fait qu'il y avait un parler de la cour de Louis XIV, et que par exemple, on ne disait pas « un de mes amis » mais « un mien ami ». Qui aurait utilisé la première tournure aurait été catégorisé (sans doute malgré lui) comme bourgeois. On pourrait citer des quantités d'exemples plus actuels de telles distinctions, montrant que parallèlement aux identifications individuelles, il y a des reconnaissances par autrui et des catégorisations qui sont elles-mêmes catégorisées (cf. Bourdieu, 1979).

Les anthropologues, suivant en cela l'école « culture et société », ont souvent cherché à relier personnalité et société. Une telle entreprise s'est avérée cependant un peu aventureuse pour une raison méthodologique assez simple : il est difficile de distinguer les aspects de la personnalité selon leur dépendance à la culture, car on même si on parvient à isoler les facteurs, restent des problèmes de clarification conceptuelle. Supposons, pour prendre un exemple simple, que les Chinois soient plus introvertis que – disons – les Italiens. Une telle affirmation renvoie cependant à la définition de « personnalité ». Si on y voit, comme les psychologues, un ensemble de traits permanents ancrés dans les mécanismes de défense, on « intériorise » la personnalité. Si on y voit d'abord un style d'interactions sociales, par exemple une manière d'entrer en contact avec les autres, on aura tendance à sociologiser la personnalité. Il y a là deux aspects inséparables de la personnalité, qui font que cette notion est difficile à cerner, ou plutôt qu'il faut la cerner (au moins) à deux niveaux distincts. En l'absence d'une telle distinction, l'hypothèse ci-dessus de la relation personnalité-société est difficile à tester. Imaginons en effet qu'on envoie des Chinois en Italie et des Italiens en Chine, ou des Chinois et des Italiens dans un pays tiers pour un long séjour, et qu'on observe systématiquement les éventuels changements quant à leur introversion/extraversion. S'ils changent rapidement pour adopter le « style de personnalité » de leur environnement récent, on en conclura que la dimension introversion/extraversion a une importante composante sociale (mais alors les psychologues diront qu'il ne s'agit pas d'un authentique trait de personnalité). Si les individus conservent leur trait, on en conclura que la personnalité est profondément ancrée dans l'individu (et les sociologues diront que les sociétés italienne et chinoise ne sont au fond pas très éloignées quant à la dimension introversion/extraversion). Une étude plus fine montrerait sans doute que les différences de personnalité entre les Italiens eux-mêmes et entre les Chinois eux-mêmes conduisent à minimiser les différences entre Italiens et Chinois. Bien entendu, cela ne signifie pas pour autant que l'étude de la relation personnalité-société soit vouée à l'échec, mais c'est un fait qu'on distingue encore mal les aspects les plus sociaux des aspects les plus psychologiques de la personnalité. Or, tant qu'on ne parvient que mal à les distinguer, il est tout simplement plausible de considérer les traits de personnalité comme *à la fois* psychologiques et sociaux. Et il y aura sans doute toujours des aspects indistincts, car plus on avance dans la connaissance, plus apparaissent de nouvelles propriétés indistinctement psychologiques et sociales.

On retrouve ici le problème principal auquel s'est heurté le courant « culture et société ». La question posée est celle des rôles respectifs de la culture et de la biopsychologie dans la constitution de la personnalité. Est-ce que ce qui est évincé par la culture persiste plus ou moins inconsciemment dans l'individu (en ne demandant qu'à réapparaître) ? En d'autres termes, la culture est-elle une chape qui étouffe l'individu ? Spiro (1987) répondait par la négative : « En prescrivant des buts, l'héritage culturel ne frustre aucun besoin, il ne fait que limiter les gratifications. » On peut poser la question différemment : la culture ne fait-elle que montrer des chemins possibles ou interdit-elle certains accès ? Cluckhohn et Murray (1967) disaient que « la culture est un immense hangar de solutions à des problèmes que les animaux humains ont coutume de rencontrer », tandis que d'autres, dans la tradition de Robert Owen (via Durkheim), tendent à voir l'individu comme un morceau de cire modelé par le sceau de la culture. Ces problèmes, parce qu'ils étaient mal posés, ont fini par porter un coup sévère à l'étude des liens entre personnalité et culture.

LE MALENTENDU PSYCHOLOGIE – SOCIOLOGIE

Nous avons noté qu'il y a un certain défaut de coordination entre psychologie et sociologie, qui est dommageable à l'étude de l'identité. Ce problème renvoie à un malentendu dont il faut brièvement faire l'histoire. En France, la psychologie s'affirme et s'institutionnalise à la fin du 19ème, avec Taine et Ribot, contre le spiritualisme et l'emprise de la philosophie. Ce courant matérialiste, qui va faire cause commune avec la psycho-physiologie, va se renforcer au début du 20ème siècle, en particulier après que Piéron a pris la direction de *L'Année Psychologique* ; il va ensuite se trouver fortifié par le béhaviorisme américain, qu'il va finir par adopter. Les courants concurrents se partageaient alors entre des restants de psychologie post-cousinienne, une psychologie bergsonienne du sentiment, et le « structuralisme » de Wundt et de Titchener. Bref, s'opposera au béhaviorisme naissant une psychologie de la conscience marquée par la philosophie, et assez peu unifiée. Il y avait donc d'un côté les béhavioristes qui mettaient l'accent sur le comportement fonction de l'environnement (extérieur à l'individu), de l'autre ceux qui s'intéressaient à l'acte de penser et de ressentir, c'est-à-dire à l'activité (interne) du sujet. Ce qui a alors joué en faveur du béhaviorisme est son apparente simplicité : on ne peut pas, disaient les béhavioristes, étudier la pensée et les phénomènes de conscience, car on ne sait jamais si ce que dit un sujet correspond « vraiment » à ce qu'il pense ou qu'il ressent. Cette crainte d'une distorsion entre la cause et l'effet était accentuée par le fait que les individus sont très différents les uns des autres, et qu'on ne peut guère confirmer les résultats obtenus ici par des expériences faites ailleurs. De plus, les thèses un peu confuses de Wundt sur la réalité de la conscience et sur la volonté en tant que cause de l'action contrastaient avec l'apparente clarté du béhaviorisme. À cela s'ajoute la fragilité méthodologique des structuralistes, qui s'appuyaient principalement sur l'introspection. En l'absence de concurrent sérieux, le béhaviorisme se durcit, et, soutenu par l'opérationalisme (les termes scientifiques doivent être définis en termes d'opérations et de mesures), se réfugie dans l'expérimentation, qui devient l'unique manière de faire de la recherche.

Piaget cherchera une troisième voie entre ces deux écoles. Il n'exclut pas l'étude du comportement, mais reproche aux béhavioristes de ne s'intéresser qu'à la surface des choses, de ne pas aller à l'essentiel ; et pour lui l'essentiel est « l'activité du sujet », et la spontanéité de cette activité, dont il cherchera à comprendre les mécanismes. Par ailleurs, comme les structuralistes américains, il s'intéresse à la pensée et à la conscience, mais il lui semble que pas plus le structuralisme que le fonctionnalisme de William James ne permet d'en capter les processus ; par ailleurs, il est séduit par le gestaltisme, que Wundt et James rejettent. Son travail ne commence à être connu aux États-Unis que dans les années 60. La rencontre entre Piaget et le béhaviorisme conduit à un changement progressif du paradigme béhavioriste. Insistant de

31

plus en plus sur la *réponse* du sujet ainsi que sur *l'écart* entre cette réponse et le stimulus, le béhaviorisme en vient, *nolens volens*, à aborder la question de l'activité du sujet (Berlyne et Piaget, 1960). Certes, Piaget n'est pas le seul à s'attaquer au béhaviorisme ; les neurosciences cognitives contribuent aussi à ouvrir la boîte noire ; le systémisme cybernétique joue un rôle en insistant sur le fait que le cerveau humain n'est pas seulement un détecteur de stimuli externes, mais aussi un écran-tampon contre certaines variations environnementales. Plus tard, dans les années 70-80, le rôle du cognitivisme et de l'intelligence artificielle s'accroît ; ces disciplines tendent à remplacer le béhaviorisme essoufflé.

Ce qui nous intéresse, c'est que les psychologues n'ont pas réagi au positivisme comme les sociologues, dont beaucoup, suivant Dilthey, Weber, ou Simmel, se sont réfugiés dans des approches herméneutiques. Les psychologues ont en général réagi au béhaviorisme en cherchant une connaissance systématique des individus, tout en renonçant aux démarches subjectives, c'est-à-dire en renonçant à capter l'individu dans son unicité. Certes, ils ont, dans l'ensemble, conservé la méthode expérimentale – ce qui limite un peu la portée du changement de paradigme –, mais ils ont reconnu le fait de l'activité du sujet et ont commencé à s'intéresser aux processus internes.

Pratiquement, un tel changement d'approche signifie au moins trois choses. La première, c'est que les propriétés individuelles, telles que les aptitudes ou les attitudes, ne sont plus appréhendés uniquement via des indicateurs comportementaux ; on tient aussi compte de ce que le sujet exprime verbalement. On accepte maintenant que le trait visé ne se résume pas à ses indicateurs ; il reste toujours au-delà, et les indicateurs sont toujours perfectibles. S'écarter du béhaviorisme signifie deuxièmement qu'on va chercher à inférer les processus, c'est-à-dire qu'on va s'intéresser au fonctionnement des systèmes mentaux ; on va s'intéresser à ce qui guide la perception, l'action, on s'intéressera aux coordinations entre pensées, aux raisons des échecs de ces coordinations, aux dépassements des contradictions ; et, bien sûr, on cherchera à relier les phénomènes mentaux aux processus neurophysiologiques et physiologiques. Troisièmement, cela signifie qu'on va chercher à intégrer les connaissances, c'est-à-dire à coordonner les systèmes hypothétiques, ainsi que ceux-ci avec les connaissances bien corroborées.

Il faut bien comprendre que la sociologie a commencé par s'affirmer contre la psychologie, car, tandis que ses fondateurs cherchaient à l'institutionnaliser, il fallait montrer que cette nouvelle discipline ne se confondait pas avec la psychologie, qu'elle ne faisait pas double emploi avec elle. D'où l'insistance de Durkheim sur l'émergence des faits sociaux, c'est-à-dire sur leur nouveauté par rapport aux conduites individuelles. Il n'était pas question, pour les sociologues, de partir des conduites ou des comportements individuels, surtout pas tels que les étudiaient les psychologues. Les deux principales approches psychologiques jouaient pour eux le rôle de repoussoirs : la psychophysiologie parce qu'elle ne disait rien des intentions des individus, et la psychologie philosophique, teintée de bergsonisme, parce qu'elle ne disait rien des faits. La seule psychologie que les sociologues auraient accepté aurait été une psychologie étudiant ce que la société avait mis dans l'individu, c'est-à-dire une sorte de sociopsychologie, que d'ailleurs Durkheim appelait de ses vœux, mais dont il faut dire qu'elle n'existait pas (malgré quelques tentatives, telles que celle de Charles Blondel ou de Maurice Halbwachs). Quand la psychologie s'est tournée vers le béhaviorisme, la rupture avec la sociologie s'est en quelque sorte consommée. Les sociologues ont cessé de s'intéresser à la psychologie, et n'ont pas suivi les débats sur le béhaviorisme et ses évolutions. Les psychologues, quant à eux ont fait un petit pas du côté de la sociologie, en étudiant par exemple les interactions sociales et les conduites individuelles dans un environnement social (c'est ce que fait la psychologie sociale), mais un petit pas seulement, et ne se sont jamais intéressés aux institutions ni à proprement parler aux déterminations sociales. C'est ainsi que le malentendu a perduré, à la fois du point de vue épistémologique et ontologique.

IDENTITÉ INDIVIDUELLE ET IDENTITÉ COLLECTIVE

Revenons aux psychologues qui étudient l'identité. La plupart sont essentiellement intéressés par les étiquettes que les individus s'attribuent eux-mêmes6 ; il ne s'agit cependant, on l'a vu, que d'un indicateur d'identité parmi d'autres. Ainsi, lors d'un repérage d'identité, les individus sont-ils invités à se définir et à se placer dans des catégories telles que « femme », « père de famille », « noir », « français », « téléspectateur », « retraité », « fumeur », etc. L'idée implicite des psychologues, comme le note Weinrich (1980), est que, dans la plupart des cas, ces catégories constituent aussi des identifications, c'est-à-dire qu'un individu qui se considère comme « Noir » s'identifie aux Noirs et qu'un « Français » s'identifie aux Français. Il faut observer que chaque identification est reliée à d'autres, qu'elles s'organisent en arborescence, que certaines « résonnent », comme dit Zavalloni (1990) plus profondément que d'autres. Être « homme » ou « intellectuel » affecte davantage l'individu que d'être « utilisateur d'internet » ou « mangeur de fondue ». Les identifications les plus importantes activent une « pensée de fond » – pour reprendre Zavalloni – plus importante, et sont aussi plus permanentes.

Ces conceptions me conduisent à revenir à la question de la « profondeur » des contenus identitaires. A première vue, on pourrait penser que ce qui est profond est enfoui, et pour cela même difficile d'accès, un peu dans le sens que la psychanalyse donne à ce terme. Mais il y a une autre profondeur, on l'a vu ci-dessus, qui est une profondeur cognitive, qui résulte de comparaisons systématiques. Ces deux types de profondeur se réfèrent à des approches différentes. La profondeur phénoménologique, celle qui consiste à capter les choses dans leur unicité, est d'abord une approche heuristique, que l'on pratique en général par défaut de connaissances systématiques. Une telle approche, cependant, ne suffit pas pour comprendre les phénomènes sociaux, il faut thématiser les ressemblances et les différences, il faut faire des liens entre ces phénomènes, et les voir dans leur ensemble. A cette profondeur des identifications elles-mêmes s'ajoute la question de la *profondeur d'une explication*. Expliquer l'identité, qui est un phénomène à la fois psychologique et social, et qui repose sur des phénomènes physiologiques, c'est en appréhender la dynamique à plusieurs niveaux. La psychologie et la sociologie, qui sont les deux disciplines les plus importantes en ce qui concerne l'identité individuelle, et qui jouent un rôle important en ce qui concerne l'identité collective, sont divisées en niveaux, et un phénomène qui se situe à plusieurs niveaux devrait pouvoir être compris à tous les niveaux concernés. Même s'il y a peu de consensus sur cette question des niveaux, on peut s'accorder sur le fait que les systèmes sociaux sont composés d'individus, et que les faits sociaux ne se réduisent pas toujours à des décisions (plus généralement à des propriétés) individuelles. Nous avons donc là au moins deux niveaux. En fait il y en a davantage, la psychologie étant à son tour divisée en au moins deux niveaux, celui des systèmes biologiques et celui des systèmes mentaux, et la sociologie recouvrant plusieurs niveaux (Moessinger, 2008). Les explications simplistes ne concernent en général qu'un seul niveau (par exemple – pour prendre un exemple sociologique –, suggérer que la grande pauvreté est due au fait que les pauvres ont un QI inférieur à la moyenne, comme le laisse penser Peter Rossi, est une tentative d'explication de la grande pauvreté au seul niveau psychologique). D'une manière générale, une bonne explication en sciences sociales doit se référer à des choses, ou des propriétés de choses, qui se trouvent à plus d'un niveau. Nous dirons que plus une explication concerne de niveaux, plus elle est profonde. La profondeur de l'explication des phénomènes identitaires ne va donc pas seulement vers le « bas », vers la psychologie des profondeurs, elle « monte » aussi vers les propriétés émergentes des systèmes sociaux, jusqu'à des propriétés déterminée par des systèmes qui peuvent être très globaux.

Il est à noter que l'identité collective peut aussi s'appréhender par l'auto-catégorisation, (et, bien sûr, par le sens que les individus donnent aux catégories auxquelles ils pensent appartenir), en interrogeant un échantillon représentatif d'individus, mais ici encore, on ne l'atteindra que partiellement. Le problème est que ces identifications obéissent à des mécanismes particuliers : s'identifier à une catégorie sociale, *c'est ipso facto* la caricaturer et la valoriser, et caricaturer et dévaloriser celles qu'on lui oppose. Nous sommes meilleurs que les barbares voisins. Les psychosociologues ont beaucoup étudié ces processus ; la plupart des manuels de psychologie sociale contiennent un chapitre sur la catégorisation sociale et ses liens avec les préjugés. On l'a vu aussi avec le débat de 2009 sur l'identité nationale française : les discussions ont rapidement dérapé sur le rejet de l'autre, celui qui n'est pas comme « nous », et ont finalement très peu abordé la question de savoir ce qu'est l'identité française. L'identité collective se capte en effet moins par les identifications individuelles que par des comparaisons systématiques entre productions culturelles, politiques, techniques, des différentes collectivités qu'on cherche à comparer. C'est un débat de spécialistes. Certes, il est intéressant de faire des sondages, de laisser la parole à tous, mais on n'aborde ainsi qu'une partie du problème de l'identité collective, et on risque d'en manquer à la fois la profondeur historique et les dimensions émergentes.

Pour ce qui est de la France, et le cas n'est pas unique, l'analyse historique a toujours servi des buts politiques ou idéologiques, ce qui rend son exploitation difficile. On a fait remonter l'identité française à Vercingétorix, plus largement aux Gaulois, à la colonisation romaine, aux conquérants francs, au baptême de Clovis, à son mariage, aux Communes du 12ème siècle, à la Révolution de 1789 ou à certaines de ses conséquences. De tout cela, on ne peut pas retenir grand-chose, sauf peut-être que la Révolution a ravivé la fissure identitaire noblesse – tiers-état, qui persistera aux 19ème et 20ème siècles, qui a pris des formes politiques diverses, et dont une des figures actuelles est l'opposition entre la France « d'en haut » et le France « d'en bas ». Notons que, comme pour l'identité individuelle, il y a ceux qui voient l'identité collective dans la permanence, et ceux qui la situent dans l'histoire. Les premiers, à l'instar du Général de Gaulle pensent que la France « remonte au fond des âges », que la France a toujours été la France (on relèvera la tautologie), ou que c'est « toujours le même peuple » comme disait Augustin Thierry, tandis que les seconds affirment que l'identité collective est façonnée par les circonstances, comme le pensait Michelet, ou que « les hommes ressemblent plus à leur temps qu'à leur pères » (Marc Bloch). Nous avons suggéré plus haut que l'identité peut être centrale, voire essentielle, tout en étant changeante, au moins en ce qui concerne ses contenus.

Quand bien même il est facile et immédiat de se classer comme « Français », il n'est pas pour autant facile de dire ce que ça implique. Les psychologues distingueront ici les aspects conscients (ce que l'individu est capable d'énoncer ou de reconnaître) des aspects proto-conscients ou inconscients. L'identité nationale est tellement intériorisée, tellement vécue comme allant de soi, qu'elle nous reste largement inaccessible. Je peux, en effet, être français sans savoir ce que cela veut dire (en dehors de la possession d'un passeport français). De même, je peux être un « buveur de vin » sans savoir ce que cela signifie pour moi (en dehors du fait de boire du vin). Je ne commencerai à prendre conscience de mon identification dans sa profondeur que lorsque je comprendrai les différences entre les « buveurs de bière » ou les « buveurs de vodka » et les « buveurs de vin », par exemple ; mieux, lorsque je verrai ce que les « non buveurs de vin » ont en commun, compréhension qui va réagir sur ma vision des « buveurs de vin ». Je comprendrai alors peut-être que, par cette appartenance catégorielle, je suis orienté dans ma manière d'être et de penser au-delà de ce que je supposais auparavant. « Buveur de vin » reste cependant une appartenance moins profonde que l'appartenance nationale.

Parmi les aspects de l'identité française que l'on relève souvent, il y a par exemple un rapport particulier (particulièrement fort) à la langue ; mais est-ce vraiment un facteur identitaire ? Peut-être est-ce davantage quelque chose qui a trait à la cohésion nationale. Il y a aussi des aspects mythiques de l'identité française, par exemple le fameux cartésianisme, réputation héritée des Lumières, mais qui ne correspond pas à une caractéristique française très saillante dans le monde d'aujourd'hui. Notons que le mouvement des Lumières a commencé en Angleterre, et qu'au 17ème, on compte beaucoup plus de savants et de philosophes appartenant à ce mouvement en Angleterre qu'en France par rapport à la population. Parmi d'autres mythes, on associe souvent la France à des idées qui gravitent autour du romantisme amoureux. Bien qu'on manque de comparaisons systématiques et d'indicateurs fiables, on peut penser que le romantisme français actuel est plutôt à chercher du côté des révoltes sociales ou de l'extrémisme politique. Quant au romantisme intellectuel, on peut penser qu'il a eu tendance à augmenter dans la société française au 20ème siècle, avec des mouvements tels que la psychanalyse, l'existentialisme, le surréalisme, le postmodernisme, le relativisme moral, la philosophie « vitale », la science « qualitative », et bien d'autres, issus de la phénoménologie. Il ne s'agit pas de condamner, mais de noter les tendances romantiques de ces mouvements. Cette question du romantisme demanderait cependant à être développée (cf. le chapitre IV), mais il faut observer que même si les tendances romantiques se sont toujours développées par réaction contre la rationalité, contre la clarté « stérile », contre la science « qui enfonce des portes ouvertes », en particulier contre la physique « qui a détricoté l'arc-en-ciel »

(Yeats), et surtout contre l'hyper-rationalité, celle-ci pouvant se manifester par l'excès de bureaucratie, de rationalité économique, de juridisme, ou par l'omniprésence de la science, la rationalité permet aussi d'atténuer ces tendances hyper-rationnelles. Comme mythe identitaire, on pourrait mentionner aussi la laïcité, qui est une sorte de droit à la liberté de conscience, mais il s'agit plus d'un outil d'intégration, d'une valeur officielle résultant d'une construction politique, que d'une composante de l'identité collective.

On a noté aussi le côté un peu traditionnel de la société française, dont une des caractéristiques est l'importance de la vie de famille, caractéristique souvent relevée par les Anglo-Saxons, le rôle de l'honneur (qu'a bien montré d'Iribarne, 1989), ainsi que peut-être un idéal féminin qui cristallise une certaine image de la pureté, et qui contraste avec les droits et les libertés acquis historiquement ; il est cependant possible que cet idéal féminin se rapporte aux mœurs davantage qu'à l'identité collective. On pourrait encore relever, pour accréditer cet aspect traditionnel, la crainte de perdre la face, et l'attention exceptionnelle des médias à tout ce qui touche à l'humiliation des personnages publics. Il y a aussi un style de rapport à l'autorité qui est fait à la fois d'allégeance (c'est le côté traditionnel) et de plaisir à violer les règles (c'est la réaction à la tradition). Il est certes possible que les systèmes d'allégeance politique soient aussi dus à la centralisation du pouvoir, mais il faut noter que les systèmes politiques centralisés conviennent mieux aux sociétés à tendance traditionnelle qu'aux sociétés les plus individualistes. Réagissant contre cette centralisation, les Français, comme le note Schnapper (1998), prennent « spontanément parti pour les fraudeurs contre les représentants de l'État et de la loi ». Il ajoute qu'il y a en France un intérêt particulier pour ce qui touche à la cuisine, au patrimoine (côté traditionnel), et aux intellectuels, mais – il faut l'ajouter – essentiellement aux intellectuels français, c'est-à-dire encore au patrimoine.

Tout cela nous ramène à une identité contradictoire, faite d'un jeu d'oppositions. Parmi celles-ci, il y aurait (1) une tendance égalitaire, renforcée par la Révolution, qui se comprendrait d'une part comme une réaction à la caste supérieure de la société et d'autre part comme une rationalisation de la société, et (2) une tendance individualiste – au sens de « chacun pour soi » – qui serait une réaction à la centralisation et à la bureaucratisation de la société, réaction qui aurait aussi une dimension romantique. Il est à noter qu'aucune de ces deux tendances ne s'accorde avec le côté traditionnel de la société. Il faut donc imaginer au centre de l'identité française une sorte d'égalitarisme individualiste, ce qui est déjà un peu contradictoire, qui s'opposerait à un certain traditionalisme (qui joue parfois un rôle régulateur, parfois un rôle d'accélérateur)… ce qui ne peut manquer d'entretenir d'autres contradictions. Une des conséquences pratiques de cet état de fait est que si les tendances (1) et (2) sont égales et opposées, l'emportera sans doute la tendance qui fera le plus appel à des résonances traditionnelles. Ces remarques sont évidemment très provisoires et demandent instamment à être développées.

On m'objectera, c'est presque inévitable, que n'est sérieux qu'un travail qui s'appuie sur des faits. Il y a pourtant des notions que l'on ne peut approcher que de manière approximatives dans toutes les disciplines, particulièrement dans les sciences sociales. Prenons la notion d'intelligence en psychologie ; il s'agit d'une caractéristique individuelle assez floue, que l'on teste pourtant abondamment, sans savoir exactement ce qu'elle est. Malgré ce flou et cette imprécision, cette notion a donné lieu à des développements très nombreux, en particulier en intelligence artificielle, développements qui ont été jusqu'à changer notre existence quotidienne. Il en va de même de l'identité : s'abstenir d'en parler sous prétexte qu'on ne sait pas bien ce que c'est, ne ferait pas beaucoup avancer les choses. Les connaissances ne s'accroissent pas uniquement, comme le pensait Popper, par « conjectures et réfutations », mais aussi en créant des hypothèses et en les corroborant (si possible de manière répétitive), ce qui tend à produire une connaissance « majorée » (comme il y a des équilibres « majorés »), et, en général, une clarification conceptuelle. Il n'est pas douteux que notre manière d'aborder aujourd'hui l'identité nous paraîtra demain très métaphorique. Les manières de tester cette notion vont évoluer – comme ils ont évolué pour l'intelligence – tout en restant toujours perfectibles, tandis que la notion elle-même se différenciera, se précisera et s'adaptera aux tests et autres confrontations avec les faits, ainsi qu'aux connaissances voisines, qui, elles-mêmes se différencieront, se préciseront… etc.

CHAPITRE II

Dire « je »

moi, n. m. (1573 : l. Ce qui constitue l'individualité, la personnalité – 2. (v.1660) Attachement à soi-même, égoïsme – 3. (philos.) Sujet pensant – 4. (Psychol. 1637) Ensemble de la personnalité saisie par l'introspection et par divers tests de caractère.

Larousse de la langue française.

Voici un homme et une femme qui ont passé la nuit l'un sans l'autre et qui ne désirent qu'une chose : se revoir. Ils doivent se retrouver à midi. La femme a mal dormi. Elle a vécu un incident désagréable qui l'a perturbée. Ils se voient enfin. L'homme perçoit immédiatement le « regard étrangement méchant » de la femme. Il lui demande ce qu'il y a. Elle dit qu'il n'y a rien. Il insiste. Elle finit par dire : « Les hommes ne se retournent plus sur moi. » C'est le début de *L'identité* de Milan Kundera. Disons-le d'emblée, ce roman porte sur la dynamique d'un malentendu, et mais permet incidemment d'aborder des problèmes d'identité.

L'homme ne comprend pas ; mais le plus frappant c'est que la femme elle-même ne comprend pas très bien sa propre réponse. Ou plutôt, elle pense ainsi dire quelque chose de drôle, quelque chose qui lui permet de se dérober au questionnement de l'homme. Mais sa voix, au lieu d'être légère, est mélancolique. Elle rougit. Et comme pour justifier ce rougissement, elle répète : « Oui, les hommes ne se retournent plus sur moi. »

Pourquoi rougit-elle ? Vu le ton de sa réponse (mélancolique, un peu à son insu), elle sait immédiatement que sa phrase sera mal interprétée, ce qui est confirmé par le regard grave de l'homme. Une autre stratégie lui aurait pourtant permis de sortir de ce piège, et je m'éloigne ici du texte de Kundera : dire immédiatement qu'elle plaisantait, ou sourire ou rire tout simplement. Et d'ailleurs, elle veut croire qu'elle plaisantait, mais en même temps elle pense qu'elle s'est trahie (ou qu'elle donne l'impression de s'être trahie), et qu'il le pense lui aussi. Tout cela est un peu flou et confus. En tout cas, après sa phrase, toute attente avant de dire simplement et naturellement qu'elle plaisantait, accrédite ce qu'elle a dit. Et, dans cette attente, les fractions de seconde comptent. Or, elle est fatiguée. Les fractions de seconde ont passé. Elle s'engage dans l'engrenage. Elle rougit. Dès lors, tout retour en arrière est impossible. Elle rougit davantage.

Il semble qu'on rougit souvent d'un reproche qu'on se fait à soi-même : on n'a pas dit (fait) ce qu'il fallait dire (faire), on est mal compris. C'est un reproche qui se referme comme un piège. Parfois ce reproche reste dans les limbes de la conscience, parfois il apparaît. Souvent, on ne réagit pas – on ne peut pas réagir car le piège commence déjà à se refermer – et en ne réagissant pas on contribue à s'enfermer davantage. Deux attitudes sont ici possibles et, parfois, entremêlées :

(a) On pense qu'une partie de soi a été dévoilée à son insu. Chantal – appelons-la par son nom – sait que sa réponse, qu'elle aurait souhaitée légère, s'est appesantie. Il n'y a plus moyen d'accréditer cette légèreté, qui cesse par là même d'exister. Elle se surprend à penser que les hommes ne se retournent plus sur elle. Elle pense que quelque chose lui est, par ce lapsus, révélé sur elle-même.

(b) On pense qu'on a été mal interprété. Chantal pense que Jean-Marc l'a mal comprise. Mais comment le faire comprendre à

Jean-Marc ? Elle craint (sait) déjà qu'il ne la croira pas. Tout se passe comme s'il y avait maintenant deux versions : la sienne et elle (supposée) de Jean-Marc.

Notons que dans le cas de Chantal, cette deuxième attitude n'est que passagère. Tout temps qui passe sans réaction de la part de Chantal accrédite la version attribuée à Jean-Marc. Elle rougit. Son rougissement lui-même est mal interprété, sans doute aussi par elle-même. Chantal va jusqu'à penser qu'il est révélateur de quelque chose qui était jusque-là caché (ce qui rejoint l'attitude *(a)*. Ce quelque chose est ici le désir qu'on se retourne sur elle, c'est-à-dire le désir de séduire, et comme c'est à un amant qui l'aime qu'elle parle, ce désir prend la tonalité d'une tromperie.

Encore une fois, les deux attitudes *(a)* et *(b)* sont souvent simultanées et imbriquées ; nous avons l'impression que quelque chose de profond nous a peut-être échappé et/ou que les autres nous voient autrement que nous sommes sans que nous ne soyons sûrs qu'ils aient tout à fait tort. L'identité est alors insaisissable ; ou bien ce que j'ai fait vient de moi (mais alors qui suis-je, moi, qui me conduis de la sorte ? Réponse : je me révèle ainsi à moi-même, ce qui revient à dire que j'ignore qui je suis…) ; on bien mon identité m'est imposée (mis alors qui suis-je moi qui accepte le mensonge que les autres m'imposent ? Réponse : je suis peut être quelqu'un qui ne pense pas que c'est un mensonge. Mais alors…). Le questionnement est sans fond. C'est qu'en effet nous ne parvenons pas à immobiliser ce qui se passe ; nous sommes confrontés à un processus identitaire à tendance circulaire.

Un peu plus loin, Chantal croise un homme dont elle pense qu'il est celui qui lui envoie des lettres anonymes. Or, elle porte un collier de perles rouges – qu'elle met rarement – dont l'auteur des lettres anonymes parle avec admiration. « Elle se rend compte qu'elle les a mises (les perles) parce que Du Barreau [l'homme en question] les a trouvées belles. Il devrait penser (et à juste titre d'ailleurs !) que c'est à cause de lui, que c'est pour lui qu'elle les porte. Brièvement il la regarde, elle le regarde aussi, et pensant aux perles, elle rougit. »

Chantal se demande ce qui l'a incitée à mettre les perles, ou plutôt elle répond avant même de se poser la question : elle les a mises parce que Du Barreau les a trouvées belles. Mais elle le pense un peu vite (en réalité telle n'était pas son intention de départ : elle a mis les perles parce qu'elle avait envie de les mettre, rien de plus ; mais à présent elle ne sait plus). En tout cas, elle pense que c'est ce que pense Du Barreau. Il y a là dès lors deux versions : celle qu'elle attribue à Du Barreau et la « sienne », qu'elle maîtrise mal. Le problème identitaire n'est pas qu'elle ne sache pas quelle version est la bonne, mais que les deux versions s'imbriquent indissociablement, et qu'elle ne *peut pas* savoir.

Si l'identité est aussi un mécanisme de contrôle de l'individu il est plausible que les processus identitaires, quand ils arrivent à la conscience, prennent la forme de perturbations telles que le sujet ne sache pas si une intention lui est imposée ou si elle « vient » profondément de lui-même, et où ces deux versions renvoient l'une à l'autre. Nous reviendrons souvent là-dessus à propos de la double contrainte.

MONTAIGE ET ROUSSEAU

« Livrons-nous à la douceur de converser avec mon âme », dit Rousseau dans la première promenade de ses *Rêveries du promeneur solitaire.* Il dit son indifférence pour ses contemporains, pour ce qui se passe sur la terre (« tout ce qui m'est extérieur m'est étranger désormais »), ce qui le conduit à la seule réflexion qu'il puisse encore se donner : « Qui suis-je moi-même ? » Voilà donc ce qu'il se propose d'étudier. C'est à la fois un registre d'émotions douces et une réflexion – sans doute plus organisée qu'il ne le voudrait – sur ses états d'âme et ses sentiments.

Dans sa préface aux *Rêveries*, Jean Grenier (1972) note que c'est le même projet qui anime Montaigne. Dans l'avertissement en tête de ses *Essais*, ce dernier écrit : « Je ne me suis proposé aucune fin domestique et privée… c'est moi que je peins… je suis moi-même la matière de mon livre. » La différence entre les projets des deux auteurs apparaît immédiatement. Montaigne craint les chimères que produit l'oisiveté de la contemplation de soi. « Il se laisse aller au fil de ses pensées, non de ses rêveries » (Grenier, 1972). Rousseau, quant à lui, affirme – peut-être avec dépit – que la réflexion le fatigue, qu'il cherche d'abord à se délasser (au contact de la nature). Il y a chez lui un double rejet, celui de la réflexion organisée et celui du monde des autres hommes. L'entreprise des *Rêveries* est donc différente de celle des *Confessions* où Rousseau cherchait à se décrire sans complaisance, se faisant le secrétaire attentif de ses souvenirs.

Grenier (1972) affirme que Rousseau et Montaigne sont « deux égocentriques qui n'ont pas le même centre pour leur ego ». Mais sont-ils vraiment égocentriques ? Sans doute pourrait-on penser, dans une première approximation, que Rousseau, dans la mesure où il cherche à ne pas « appliquer » son esprit – c'est-à-dire à ne pas faire d'effort intellectuel – (pour atteindre son moi), est plus égocentrique que Montaigne, qui cherche davantage à articuler ses idées, donc à les coordonner avec celles des autres ; que Montaigne est moins anti-intellectualiste que Rousseau. Si on insiste, en revanche, sur le rejet des autres opéré par Rousseau, qui va, on l'a souvent observé, jusqu'à une sorte de paranoïa, son égocentrisme s'efface. En effet, l'égocentrisme est d'abord l'incapacité de tenir compte des autres. Le rejet conscient des autres (qu'il soit égoïste, paranoïaque ou auto-contemplatif) n'est pas égocentrique : on situe les autres pour les rejeter, on se donne des raisons bien articulées, on se définit par rapport à eux, etc., toutes activités qui demandent une certaine décentration.

On peut voir les choses par le biais de l'identité. Rousseau rejette le monde ; mais en même temps il est aussi la victime de son propre rejet. L'identité inclut en effet des mécanismes de régulation (des conduites, pensées, sentiments, intentions), qui sont largement automatisés, donc inconscients. Sans doute Rousseau est-il conscient du fait qu'il rejette le monde (il le répète abondamment), mais sans doute aussi ce rejet n'est-il pas né dans un projet de Rousseau lui-même, mais dans sa manière de réagir à des circonstances extérieures. En d'autres termes, il faut distinguer la question « Qui pensé-je que je suis ? » de la question « Pourquoi suis-je celui (celle) que je suis ? ». L'identité se rapporte bien davantage à la deuxième question qu'à la première. Pour en revenir à Rousseau, sa réaction a été intériorisée, assimilée, et il en est devenu l'auteur. On ne peut donc pas chercher à comprendre une identité indépendamment de sa genèse, car la part consciente de l'identité remonte à des mécanismes inconscients et à des circonstances dont l'individu n'est pas maître. Du point de vue du présent, cependant, Rousseau paraît largement responsable de son rejet de la société.

Quant à Montaigne, il se cherche parce qu'il voudrait être à lui. Et il sait qu'il ne se trouvera pas dans la méditation « qui enfante tant de chimères et de monstres fantasques », mais dans l'ordre même qu'il va y mettre. Il a peur de son désordre intérieur, peur d'avoir honte de lui-même. Ses rêveries sont guidées (bornées ?) par la raison, tandis que celles de Rousseau sont bornées (guidées ?) par un rejet. Sans doute, les raisons pour lesquelles Montaigne occupe ainsi son esprit lui sont-elles largement occultées. Son « je » apparaît en revanche plus ordonné que celui de Rousseau.

Cette opposition entre Montaigne et Rousseau quant à la manière de parler de soi est surprenante au regard du reste de leur œuvre. Montaigne haïssait l'esprit de système et la recherche de fondements. Il voyait toute loi, tout règle, comme pesante. Sa curiosité d'épicurien spéculatif le portait vers les détails, les exceptions, l'unicité et la fragilité des choses. On se serait attendu à ce qu'il parle de lui avec davantage de légèreté et d'abandon de soi. Rousseau, en revanche, cherchait à fonder, à refaire la société, et à donner des leçons. On aurait imaginé qu'il parlât de lui de manière plus pesante.

Remarquons que tous deux sont en réaction contre l'autorité politique et le clergé. Montaigne réagit par une insouciante légèreté quant au ton, et par une insistance sur la vanité des systèmes et la relativité des habitudes quant au contenu. Rousseau, quant à lui, prend les choses au sérieux. Il aborde les questions fondamentales dans leur profondeur même. Il pense que la justice et la raison imposent d'elles-mêmes le respect. Se faisant ainsi le porte-parole de la justice et de la raison, il se place en quelque sorte au-dessus de l'autorité. Cette différence dans la manière d'être au monde – que se manifeste aussi dans leur socialité – renvoie sans doute au contexte dans lequel leurs vies se sont façonnées. On pourrait mentionner ici l'enfance pauvre de Rousseau, le contexte calviniste, l'absence de mère, circonstances qui contrastent avec la vie de Montaigne.

DE QUI PARLE-T-ON QUAND ON PARLE DE SOI ?

La question, ci-dessus évoquée, du possible égocentrisme de celui qui parle conduit à se demander comment est venue aux individus l'idée de parler d'eux, de se raconter. L'histoire de l'autobiographie est à cet égard instructive. Même si on peut trouver des éléments d'autobiographie dans l'antiquité (par exemple le *De bello gallico* de Jules César), ce sont toujours des actions – surtout des actions d'éclat – qui sont présentées ; l'histoire se raconte en « il » et non en « je ». On fait souvent remonter la première exploration de soi par soi aux *Confessions* de Saint-Augustin. On y a vu une description de soi honnête, profonde, et dépourvue de complaisance. C'est sans doute ce ton nouveau qui a fait le succès de l'œuvre. Il faut voir cependant qu'il s'agit d'abord d'une prière adressée au Seigneur : « La maison de mon âme est bien étroite et bien petite pour un aussi grand hôte que vous, ô mon Seigneur et mon Dieu... Elle tombe en ruine : mais je vous prie de la réparer » (Saint-Augustin, 1993:31). C'est d'abord un acte de contrition, acte dans lequel l'auteur marque la grandeur de Dieu et sa propre petitesse. Il ne saurait donc craindre d'amplifier son propos, de se montrer dans toute sa vanité, sa mesquinerie, ses hésitations, sa duplicité, puisque cela même manifeste la supériorité de Dieu ; le « je » se met ainsi à l'abri. Saint-Augustin prend des distances avec lui-même : il ne cherche pas la spontanéité, il vise la contrition. Les *Confessions* sont aussi un tour des connaissances philosophiques de l'époque, mais celles-ci étant d'origine divine, Saint-Augustin ne saurait paraître arrogant ou pompeux en les livrant à son lecteur. Ce qui frappe dans cette manière de parle de soi, c'est que le *je* existe peu : Dieu prend toute la place.

Les autobiographies du XVIe siècle, telles que celles de Marguerite de Valois ou d'Agrippa d'Aubigné, sont encore des « mémoires », où l'emporte la relation des actions. Certes, sont aussi évoqués des sentiments (par exemple la contrition et le sentiment d'injustice d'Agrippa d'Aubigné), mais sans spontanéité ; ce sont des sentiments marqués par l'approbation sociale. Par ailleurs, comme Saint-Augustin, Agrippa d'Aubigné ne peut parler de ses péchés qu'au regard d'une vie dévouée à la cause de Dieu. Selon Gusdorf (1991), du XVIe au XVIIIe, les autobiographies sont marquées par la foi et la pénitence. Elles fonctionnent sur le mode de l'aveu, à la limite la honte et de la culpabilité. Pour Gusdorf, même Rousseau, qui revendique son innocence, se trouve par là même en position d'accusé. Il faut cependant observer que les *Rêveries* de Rousseau, davantage que ses *Confessions* et davantage que les *Essais* de Montaigne, inaugurent un genre nouveau. Le moi de Montaigne est déjà là (« c'est moi que je peins »), tandis que le moi de Rousseau s'accomplit dans la tentative même de le capter. Certes, les *Rêveries* sont largement narratives et descriptives (Rousseau parle de son enfance, il raconte les persécutions dont il est victime, il est renversé par un chien, il décrit les rives du lac de Bienne, etc.). Le ton est nouveau, particulièrement la sincérité des doutes et des réticences qui l'animent. Surtout, Rousseau en assume la responsabilité. Il est seul avec lui-même, et cette solitude lui donne une dimension tragique. On retrouvera cette manière d'assumer ses doutes chez un autre auteur imprégné de spiritualité protestante : Benjamin Constant. Il est vrai que ces deux auteurs ont tendance à fausser leur sincérité en l'accentuant. D'aucuns voient dans cette exagération de la vanité (c'est un reproche que Dostoievski fait à Rousseau). Sans doute faut-il voir là une maladie de jeunesse de l'écriture du moi. Il n'est pas inutile de rappeler le contexte de la spiritualité protestante, le recul du contrôle que Dieu exerce sur l'individu, et la découverte – sans doute un peu fascinante – de l'autonomie individuelle.

LE PROJECTEUR DE LA CONSCIENCE

Quand on parle de soi, on en vient à parler de choses qui ne sont pas *simplement* accessibles à la conscience. Il faut donc revenir sur la distinction conscient-inconscient. Selon les conceptions freudiennes, l'inconscient est une chambre noire dans laquelle on suppose qu'il se passe des choses très intéressantes, un peu troubles, un peu fantasques, un peu angoissantes, mais que l'on ne perçoit que dans le vague, ou pas du tout. La conscience serait une sorte de lampe intérieure qui permettrait de voir les mécanismes de l'esprit, mais qui n'aurait pas accès, ou très peu, à l'inconscient. Il semblerait, au vu des découvertes neurophysiologiques de ces vingt dernières années, que Freud a quelque peu surestimé le rôle de la conscience, et réifié celui de l'inconscient. Tout d'abord la métaphore d'une « chambre », pour l'inconscient, ou d'un contenant, est sans doute inadéquate ; il s'agit d'abord d'un processus. Certes, il peut y avoir dans les rêves des thèmes récurrents mais cela n'implique pas qu'ils préexistent quelque part. On sait maintenant qu'une même pensée peut correspondre à une multitude de processus neurologiques – ou d'« états du cerveau » – différents (mais un même processus neurologique ne peut pas correspondre à deux pensées différentes, cf. Bunge, 1980, ou Sperry, 1976), ce qui argumente en faveur de la base matérielle de la pensée. Par ailleurs, les processus qui donnent lieu à la pensée sont largement aléatoires, tout en étant déterminés par les supersystèmes neuronaux et par la pensée elle-même. Un des grands problèmes actuels est celui du fonctionnement de la conscience. S'agit-il d'une instance de contrôle ou de l'émergence d'une « configuration », pour reprendre le vocabulaire d'Erikson, qui agirait comme sorte d'institution, et qui tendrait à colorer ou à orienter ce qui se passe dans sa zone d'influence ?

Certes, la plus grande partie de l'activité du cerveau concerne des conduites qui ne sont pas conscientes. Elles ne sont pas inconscientes au sens freudien pour autant ; elles sont simplement inaccessibles à la conscience. Pour que la conscience soit possible, il faut qu'il ait une certaine plasticité des connexions, et de l'information (plastique) sur ces connaissances plastiques. Étant donné que nous n'avons que la pensée consciente pour nous penser nous-mêmes, nous avons tendance à en exagérer l'importance. Reprenons la métaphore de la lampe. La conscience serait la capacité de voir sa propre pensée en l'éclairant. Mais alors, dit Minsky (1982) il faut bien que quelqu'un, une sorte de contrôleur, dirige cette lampe qui éclaire. Sans doute dira-t-on que c'est le moi qui la dirige. On sait que Minsky a réfuté l'idée selon laquelle il y aurait à l'intérieur de nous une instance de contrôle qui dirige ou oriente la pensée. Son argument est que s'il y a un moi à l'intérieur de nous, il doit y avoir un second moi à l'intérieur de ce moi (etc.) qui permette de rendre compte des raisons des choix du premier moi. La moi renvoie donc à un sous-moi, qui renvoie à un sous-sous-moi, à l'infini. Pour éviter ce problème, il faut postuler un moi fait d'un seul morceau, ce qui n'explique rien non plus. Comme le dit Minsky : « L'idée d'un seul Moi central n'explique rien, parce qu'une chose sans parties ne nous offre rien que nous puissions utiliser comme élément d'explication » (p.81). Et Minsky de continuer :

> Mais alors pourquoi adoptons-nous si souvent l'étrange idée que ce que nous faisons est fait par Quelqu'un d'Autre, c'est-à-dire par notre Moi ? Parce que ce type de description est utile à plus d'un titre ; il y a tant de travail de notre esprit qui est dissimulé à ses différentes parties, et plus particulièrement à cette partie de nous qui est liée à la conscience verbale, que l'idée d'enfermer une personne à l'intérieur de nous-même peut fournir des moyens utiles de réfléchir à nous-même (p.81).

Au fond, ce serait un peu par paresse intellectuelle et par égocentrisme que nous enfermons un moi à l'intérieur de nous-même. Un autre problème avec cette métaphore du moi qui dirige la lampe tient au fait qu'elle présuppose qu'il y a quelque chose qui est là et qu'il suffit d'éclairer pour qu'on puisse le voir. Il vaudrait mieux imaginer, comme le propose Shanon (1993), l'écran d'un cinéma très particulier dont l'unique spectateur crée lui-même le film et se le projette au moment même où il le crée. Le spectateur serait aussi le créateur. Bien entendu ce « spectateur » a l'habitude d'aller au cinéma et les films qu'il se projette finissent par se ressembler (il les anticipe d'ailleurs dans une large mesure). Il reste toutefois des éléments de surprise. Son film émerge parfois sans qu'il puisse l'anticiper. Parfois, l'environnement de ce spectateur-créateur conditionne largement le film. On peut proposer une autre métaphore et voir l'individu comme une grande entreprise. Il y aurait bien un chef (le moi), mais il ne déciderait pas grand-chose ; les décisions seraient prises par des instances subalternes, avant qu'il n'intervienne ; l'environnement (social, physique) jouerait aussi un rôle important dans les orientations de l'entreprise. Mais surtout, l'entreprise aurait créé – et continuerait de créer – sa propre culture qui imprègnerait toute action, et qui serait en quelque sorte sa conscience. Pour maintenir l'analogie avec la conscience individuelle, il faut imaginer une culture tellement forte qu'elle éclairerait tout événement propre à cette entreprise, qu'elle irait même jusqu'à le faire exister. Dans cette hypothèse, la conscience déterminerait plutôt qu'elle ne contrôlerait. La capacité de « voir » la pensée émergerait de la pensée elle-même (un peu comme la capacité d'abstraire).

Chantal est surprise. Qui est-elle, elle qui a dit que les hommes ne se retournent plus sur elle ? Ce qu'elle a dit ne correspond à aucun projet de sa part. Certes, de son point de vue, elle a l'intention de plaisanter, mais on peut penser que cette intention est postérieure au départ de sa petite phrase (« Les hommes... »). Son cinéma, elle n'en reconnaît plus le spectateur-créateur ; elle confond les deux instances, elle ne sait plus qui est qui. Et quand je dis « elle », je ne pense pas à une instance supérieure qui pourrait contempler cette confusion. « Elle » est *dans* la confusion. On est ici confronté à la difficulté de trouver un vocabulaire pour parler de l'identité.

UN SIMPLE COUP DE PIED DANS UN JOUET

Dans *La société de l'esprit,* un livre dont nous avons déjà parlé, qui est à la fois simple et profond (ou peut-être est-il plus fécond que profond), Minsky mentionne le cas d'un enfant qui construit une tour avec des plots. Certes, l'enfant prend plaisir à faire sa tour, mais il a faim. Il est donc pris entre deux désirs : continuer à construire sa tour ou aller à la cuisine pour prendre quelque chose dans le frigo. Dans une perspective économique, on pourrait imaginer qu'il pèse le pour et le contre, et qu'il finit par faire le choix le plus gratifiant. Par exemple, dans le cadre de la théorie du choix rationnel, on postulera que son choix exprime sa préférence, ou, d'une manière générale, que ce qu'un individu choisit correspond à la plus grande « utilité » pour lui. Et comme on peut toujours dire que le choix exprime la préférence (ou que l'on fait ce que l'on préfère), le théoricien du choix rationnel ne peut jamais avoir tort, ce qui devrait le préoccuper. Mais ce n'est pas du tout ce que dit Minsky. Il dit que l'enfant donne un coup de pied dans sa tour *et* va à la cuisine (et non pas *pour* aller à la cuisine). On ne sait pas (et l'enfant ne sait pas lui-même) pourquoi il donne un coup de pied. Il faut imaginer un acte spontané, non rationnel, dans la mesure où il ne correspond à aucun but antérieur, à aucun calcul. Ce coup de pied résout pourtant le problème du choix en supprimant une option. On est loin du cadre rationaliste de la théorie de la décision, de la théorie de l'action, ou du choix rationnel, théories qui nous obligent à penser que les conduites sont intentionnelles et rationnelles, et pourtant, l'action de l'enfant nous est tout à fait compréhensible.

Cet exemple permet une vision nouvelle de la psychologie, en particulier de la psychologie cognitive. Jusqu'alors, les psychologues étaient soit tributaires du béhaviorisme et ramenaient la conduite principalement à l'impact de l'environnement, soit ils mettaient en avant une rationalité individuelle (cf. la notion de « stade » de Piaget, ou les modalités de traitement de l'information, par exemple). Dans l'idée de Minsky, ce n'est ni un changement de l'environnement, ni une quelconque rationalité qui rend compte du geste de l'enfant. Si l'enfant était rationnel, il aurait sans doute simplement quitté sa tour pour y revenir plus tard. Nous sommes avec Minsky dans le cadre de la non-rationalité, mais d'une non-rationalité en quelque sorte adaptative, puisqu'elle supprime un problème. Par ailleurs, ce coup de pied de l'enfant n'a rien à voir avec une impulsion – disons – avec un coup de pied rageur dans le capot d'une voiture qui serait tombée en panne. Pour être bref, disons que l'impulsion s'apparente à la faiblesse de la volonté, qui fait suite à un conflit intérieur. Il y a deux désirs en conflit, et celui qui l'emporte est jugé par le sujet même comme inférieur à l'autre. Le coup de pied de l'enfant n'est pas de nature impulsive. Il n'y a pas, au départ, une volonté qui résiste à une impulsion, puis qui y cède ; il y a une simple hésitation. Que faire ? Continuer à jouer ? Aller à la cuisine ? L'enfant est fatigué. Par ailleurs, l'impulsion ne fait pas, ou peu, de détours. Pris d'une simple impulsion, l'enfant n'aurait pas détruit sa tour. Il serait allé directement à la cuisine.

Quant à l'explication par la rationalité – j'en ai longuement parlé ailleurs (Moessinger, 1996) –, elle est tautologique ou fausse. Elle est tautologique dans le sens où elle ne dit rien des processus psychologiques (notons qu'il en va de même avec la notion d'irrationalité, qui ne s'applique pas aux conduites, ce n'est pas une notion psychologique), et elle est fausse si on la prend au sérieux, c'est-à-dire si on examine les choses de près, car il y a de multiples manières d'être non pas rationnel, mais raisonnable. Bref, le coup de pied de l'enfant ne saurait s'expliquer ni par de la rationalité ni par de la faiblesse de la volonté.

Chantal aussi est fatiguée. Que faire ? Dire à Jean-Marc ce qu'elle ressent ? Ne rien dire ? Elle dit la première chose qui lui vient à l'esprit. La phrase est là, comme propulsée par un coup de pied. Cette phrase aurait pu être autre, associée à une autre pensée qui aurait traversé son esprit. De même que l'enfant n'a pas eu l'intention de donner son coup (ni même l'intention d'affronter ou de résoudre un problème), Chantal n'a pas eu l'intention de prononcer sa petite phrase (c'est au moment de le dire qu'elle pense que cela pourrait être amusant, ou peut-être seulement après).

LA PRISE DE CONSCIENCE

Notons en passant que nous sommes souvent dans des situations similaires lorsque nous agissons en société. Nous nous surprenons, lorsque nous en prenons conscience, à suivre des normes sociales auxquelles nous n'avons pas vraiment souscrit. Par exemple, la position de notre corps, le langage que nous utilisons, le son de notre voix, la distance que nous maintenons avec notre interlocuteur, nos mouvements oculaires varient selon le type d'interaction dans lequel nous sommes engagés, selon des normes qui tiennent essentiellement à notre situation sociale et à celle de notre interlocuteur. Quand nous nous en rendons compte, nous sommes surpris. Nous nous surprenons d'ailleurs aussi à prendre conscience de la difficulté de transgresser les normes sociales. On se souvient que Stanley Milgram demandait à ses étudiants de chanter à tue-tête dans un autobus. Selon lui, les résistances que chacun ressentait au moment de se mettre à chanter étaient la manifestation de la force des normes sociales. Quoi qu'il en soit, il y a là des conduites loin de la conscience, qui demandent une explication à la fois psychologique et sociologique.

En dehors de ce qu'on pourrait appeler l'« inconscient social », qui est essentiellement une absence de prise de conscience accompagnée d'un pressentiment qu'il y a des règles à suivre, il y a aussi un inconscient cognitif, c'est-à-dire des choses qui nous sont cachées parce qu'elles sont trop centrales, trop importantes pour être perçues. Prenons pour illustrer cela un exemple de Claparède que Piaget mentionne souvent. Claparède, suivant une idée de Luria, fait comparer une guêpe et une mouche à des enfants. Il leur demande de dire quelles sont les ressemblances et les différences entre ces deux insectes. Or les enfants notent beaucoup plus de différences que de ressemblances. Commentant cette expérience, Piaget (1997) montre que les enfants commencent par ne voir que les choses « périphériques ». Que la tête d'une guêpe et celle d'une mouche soient différentes, cela saute aux yeux ; que les deux insectes n'aient pas le même nombre de pattes aussi. Mais qu'ils aient tout deux un corps ou une tête, par exemple, cela n'est pas immédiatement *visible*. Il n'y a pas que les enfants qui peinent à voir les ressemblances, les adultes rencontrent le même problème. Chaque fois que nous réfléchissons à un problème d'ordre cognitif, nous partons de comparaisons, c'est-à-dire de ressemblances et de différences. Nous relions et différencions des propriétés. Mais ce travail n'est pas facile, pas immédiat. Nous préférons souvent fixer notre attention sur les différences. Nous manifestons beaucoup d'intérêt pour les *histoires* (qui sont toujours singulières), pour la compréhension de l'autre dans ce qu'il a d'unique, de différent (on cherche à se mettre à sa place), ou pour la captation d'une chose ou d'un événement. De telles approches contribuent à cacher les propriétés les plus centrales, les plus profondes.

Ces remarques sur l'inconscient et la prise de conscience nous renvoient à l'identité. L'identité n'est pas tant une entité qu'un ensemble de représentations plus ou moins conscientes, réglées par des mécanismes dont il est difficile de prendre conscience, et ceci d'autant plus qu'il sont centraux. Notre propre fonctionnement identitaire nous apparaît mal. Nous avons de la peine à l'expliquer. Si Chantal se rendait compte qu'elle rougit lorsqu'elle se laisse aller à une sorte d'escalade où elle ne sait plus elle-même où est sa véritable intention, sans doute pourrait-elle commencer à donner un début d'explication à son rougissement, et sans doute pourrait-elle apprendre à éviter ce jeu du doute dès qu'il apparaît. Le mécanisme devenant conscient, elle pourrait commencer à le maîtriser.

VOLONTÉ ET ALCOOLISME

Il existe en France une procédure qui permet à un joueur de s'interdire lui-même l'accès à tous les casinos français pendant une année. Lorsqu'un individu qui a signé une telle interdiction se présente à l'entrée d'un casino, le réceptionniste lui fait donc remarquer poliment qu'il ne peut pas entrer. Il se dispense d'ajouter : « Vous vous êtes vous-même interdit », sachant que l'individu qui cherche à entrer ne saurait l'ignorer. On imagine l'air goguenard ou sarcastique du réceptionniste. Sans doute faut-il regretter qu'une telle procédure n'existe pas pour d'autres drogues que le jeu. Si les alcooliques ou les héroïnomanes pouvaient eux-mêmes se faire interdire par d'autres l'accès à leurs drogues, leurs problèmes seraient, si ce n'est résolus, au moins momentanément atténués.

Le problème est différent pour l'alcoolique non conscient de son état. L'alcoolique (qui se perçoit comme maître de lui) pense qu'il pourrait ne pas boire, et cela lui donne l'impression d'une maîtrise de lui, qui, en quelque sorte, l'autorise à boire. Cette impression n'est pas infirmée par le fait d'avoir bu, puisque ce que l'individu a bu lui paraît résulter d'actes volontaires. En d'autres termes, soit il se reconnaît comme alcoolique, et cela même l'autorise en quelque sorte à boire (puisque il ne peut pas s'y opposer), soit il ne se reconnaît pas comme alcoolique, auquel cas il ne voit pas de raisons de cesser de boire, puisqu'il pense pouvoir se maîtriser. Dans tous les cas, il a de bonnes raisons de se laisser aller à la boisson. On comprend que les alcooliques, et les drogués en général, soient victimes d'une perturbation de l'identité qui leur rend particulièrement difficile de quitter leur drogue : ils ne savent plus qui commande en eux. Ce problème de confusion quant à l'instance de contrôle, nous l'avons abordé, dans une variante *light,* avec le cas de Chantal ; nous y reviendrons les analyses de Zinoviev, puis avec la double contrainte.

Il y a quand même une analogie entre l'alcoolique et le joueur ci-dessus : il faut en effet imaginer que notre alcoolique, lorsqu'il est en « pleine possession de ses moyens », ou lorsqu'il raisonne « au maximum de ses capacités », souhaite cesser de boire. Il peut donc y avoir contradiction entre ce qu'il souhaite dans cet état et ce qu'il souhaitera plus tard, comme notre joueur qui a signé son interdiction et qui se présente au casino, ou comme Ulysse qui sait d'avance qu'il sera subjugué par le chant des sirènes et qui se fait attacher au mat de son bateau. Même s'il y a là une contradiction anticipée, ni l'alcoolique ni le joueur ne ressentent de rupture dans leur échelle de valeurs ou dans leur identité. Ulysse non plus n'a pas le sentiment de changer en passant près des sirènes. Ni l'un ni l'autre ne prend conscience des changements identitaires qui l'affectent, ils passent tous deux sans s'en apercevoir du contrôle d'eux-mêmes à l'absence de contrôle (cf. Moessinger, 1996).

Dans *Notes d'un veilleur de nuit*, Zinoviev analyse l'éthylisme en Union soviétique. Après en avoir cherché diverses explications, il finit par renoncer à expliquer l'alcoolisme : « En fin de compte les gens boivent parce qu'il existe des boissons alcoolisées » ! dit-il. Il reconnaît cependant que « toute époque, toute civilisation, tout peuple boit à sa façon ». Et il voit chez les habitants de l'Union soviétique une manière particulière, un style particulier de tolérance à la boisson. Il affirme qu'à Ibansk (entendez : en URSS), « on aime l'ivrogne du fond de l'âme », « on le cultive littéralement ». Et il en voit les raisons dans le fait que « les Ibaniens prennent plaisir à voir des êtres encore plus pitoyables, plus misérables qu'eux ». On a envie de lui répondre que c'est la même chose plus à l'Ouest, bien qu'il y ait sans doute une différence dans la tolérance à l'alcoolisme. A Ibansk, l'alcool est en quelque sorte toléré par la hiérarchie politique, car, comme le dit Zinoviev, « il vaut mieux avoir affaire à des ivrognes qu'à des opposants ». Dans un climat d'oppression, les gens boivent sans doute aussi pour se donner l'impression de transgresser les limites. Il n'est cependant pas exclu que dans des systèmes politiques plus ouverts, les alcooliques soient également des individus qui se sentent oppressés, et qu'ils cherchent à transgresser les limites *qu'ils perçoivent* ; il faut, ou plutôt il faudrait, prendre en compte l'ensemble des déterminations culturelles de la boisson. Ceci semble corroboré par le fait que la consommation d'alcool a continué à être très forte après la chute du système soviétique.

LA PROFONDEUR DES SENTIMENTS

Restons avec Zinoviev. Dans *Les notes d'un veilleur de nuit*, il analyse d'un point de vue sociologique le phénomène de l'exclusion à Ibansk. Il y fait de nombreuses observations qui nous intéressent directement. Certes, Zinoviev ne fait pas le lien avec des problèmes d'identité, mais ces problèmes sont constamment contournés. Il observe, par exemple, qu'à Ibansk « les choses insignifiantes deviennent sérieuses et le sérieux y est insignifiant ». C'est là un trait du caractère ibanien, nous prévient Zinoviev. Un jour, un individu parle de l'ampleur des exterminations de Staline à des amis... et tout le monde rit aux larmes ! Et quand, un peu plus tard, ils apprennent qu'il y a un manque d'oignons au marché, les mêmes sombrent dans la morosité. Les psychanalystes verraient là sans doute un mécanisme de défense.

Je crois que pour comprendre cela, il faut voir que le système soviétique, comme tout système totalitaire, tient du piège. Ne pouvant exister de manière autonome, les individus ne peuvent exprimer des sentiments *personnels.* Mais il y a plus : les sentiments de révolte que devrait susciter le rappel de l'ampleur des exterminations staliniennes est aussi un sentiment de révolte contre le régime. Or, ce type de sentiment était totalement réprimé en URSS. On peut dire que ce régime a remarquablement réussi, puisqu'il pénétrait jusque dans la conscience et les sentiments des individus pour les diriger de l'intérieur. Remarquons qu'il y a là une double contrainte, l'autorité politico-sociale donnant aux individus deux injonctions contradictoires qu'on peut résumer par « tout va bien » et « ne vous révoltez par » ou « adhérez au système soviétique ». Cependant, si tout allait vraiment bien, il n'y aurait pas de raison de mentionner cette deuxième injonction.

Ce rire est aussi celui de la dérision et de l'ironie. C'est le rire par effet contraire, le rire de ceux qui n'ont surtout pas envie de rire. De même, l'ironie conduit à dire tout autre chose que ce que l'on pense, tout en exagérant légèrement pour signifier la duplicité. Il faut imaginer que le rire des personnages de Zinoviev est exagéré pour indiquer la dérision. Il reste que de telles stratégies peuvent conduire à une certaine confusion des sentiments. On n'est alors plus très sûr de rire uniquement par dérision. Après tout, ce qui est d'abord perçu par les autres, voire par l'individu lui-même, c'est le rire et non pas la dérision. Là aussi, il y a là l'expression d'une double contrainte : on rit pour dire (pour « méta-communiquer ») qu'on n'a pas envie de rire.

Revenons à la question de la profondeur des sentiments évoquée plus haut. L'ironie est-elle compatible avec une telle profondeur ? Un individu peut-il manifester de manière ironique des sentiments par ailleurs profonds ? Sans doute l'ironie peut-elle servir à masquer une profondeur que l'on cherche à cacher. A terme, cependant, le problème est qu'on finirait sans doute par être pris à son propre jeu et par ne plus croire à ses propres sentiments. Le mécanisme de la réduction de la dissonance, que nous évoquerons au chapitre prochain, va ici jouer un rôle correcteur. Il n'y a que si l'on a clairement conscience de dire quelque chose qui nous est imposé que l'on peut dissocier ce que l'on pense et ce que l'on dit. Il ne faut donc pas se leurrer sur la possibilité de maintenir à long terme à la fois profondeur des sentiments et ironie.

Zinoviev note à de nombreuses reprises que les relations avec les proches en URSS sont dépourvues de profondeur. Il note le mépris que se manifestent les amants. Il observe une surprenante froideur dans les relations entre proches. « Tristement, hélas, à Ibansk, les sentiments affectueux n'apparaissent qu'au moment où on se quitte pour toujours » (p.194). Certes, on peut trouver de la froideur ailleurs – en particulier quand les individus sont sous l'emprise de l'envie –, mais il est rare que la froideur affecte de manière particulière les relations entre proches. Zinoviev donne sa propre explication de ce phénomène :

> C'est tout simplement que nous autres Ibaniens, nous nous percevons exclusivement comme des fonctions sociales et non

comme des êtres autonomes et entiers, porteurs de toutes les valeurs du monde, indépendamment de la société. C'est pourquoi nous changeons si facilement de femme, d'homme, d'ami, de compagnon. C'est facile parce que seule compte la fonction qui peut être remplie par n'importe quel individu. Nous sommes interchangeables.

Nous verrons plus loin qu'il y a d'autres explications possibles ; que l'envie ou la honte peuvent jouer un rôle dans la distance que les individus maintiennent entre eux. On sait aussi que la double contrainte, lorsqu'elle est permanente, peut produire des tendances schizophréniques ; or les relations des schizophrènes avec les autres sont perturbées, en particulier, ils manifestent une remarquable froideur vis-à-vis des autres.

CHANTAL ROUGIT ENCORE

Chantal rougit souvent. Elle a rougi la première fois qu'elle a revu Jean-Marc. Lorsqu'ils se sont vus pour la première fois, ils se sont à peine parlé (dans le cadre d'une réception dans un hôtel où séjournait Chantal). Quelques jours plus tard, Jean-Marc retourne à l'hôtel. Il n'a pas vraiment de raison d'être là, ou plutôt il n'a aucune autre raison d'être là que de chercher à la revoir. Leurs regards se croisent. Chantal rougit (« jusqu'aux seins »). C'est en effet qu'elle a immédiatement pensé que Jean-Marc a vu, lors de leur première rencontre, l'intérêt qu'elle lui a porté, ou plutôt le trouble qu'il a créé en elle. Pour Chantal, en revenant, Jean-Marc dit tout haut quelque chose qui jusque-là était caché. Mais pourquoi rougir ? D'ailleurs Jean-Marc ne rougit pas. C'est qu'en effet Chantal est confrontée à elle-même. La présence de Jean-Marc lui dit qu'il a vu quelque chose qu'elle cherchait à (se) cacher. Mais si elle n'a pas réussi à le cacher, c'est que c'était vrai. Et Chantal est prise dans son dilemme identitaire. Elle ne sait pas si c'est vrai ou non qu'elle désire Jean-Marc. Si c'était l'un ou l'autre, tout serait simple ; elle n'aurait pas rougi. Mais elle ne le sait pas. Il y a au départ, chez Chantal, des désirs ou des intentions masqués, dont elle ne sait pas dans quelle mesure elle est complice.

On l'a vu, le rougissement est lié à une pensée spéculaire (il pense que je pense qu'il pense…). Mais ce n'est pas tout. Il est lié à quelque chose qui est plus ou moins caché et dont on pense soudain que l'autre pourrait le découvrir. La simple crainte que quelque chose soit caché (à un autre, à soi-même), peut mettre en marche le mécanisme du rougissement.

Puis, sans s'être parlé, ils s'embrassent dans un couloir. Le rougissement de Chantal a parlé pour elle. Pour Chantal, Jean-Marc joue ici encore un rôle de miroir ; dès qu'elle le voit, elle pense qu'il sait ; il est dès lors trop tard pour revenir en arrière. (D'ailleurs elle ne sait pas si elle le souhaite.) Notons que tout cela n'aurait pas pu – ou plus difficilement – avoir lieu lors de la première rencontre. La deuxième rencontre est plus révélatrice que la première, les séducteurs le savent bien.

CAPTATION DE L'AUTRE

Pour mieux contraster les approches béhavioristes et herméneutiques, revenons un instant sur le malentendu qui s'installe entre Chantal et Jean-Marc via le rougissement de Chantal. On se souvient que Chantal rougit après avoir dit que les hommes ne se retournaient plus sur elle. Jean-Marc cherche bien sûr à interpréter cette réaction. Il pense alors au premier rougissement de Chantal lorsqu'ils se sont rencontrés. Il se rappelle que c'est ce rougissement qui a décidé de la suite de leur relation (et en particulier du fait qu'ils se retrouvèrent peu après à s'embrasser sans s'être parlé). Il pense vaguement que le rougissement de Chantal est en rapport avec son désir d'être séduite par d'autres hommes. Il commence par être jaloux, puis il y voit une réaction naturelle de Chantal à « l'extinction progressive de son corps ». Chantal aussi interprète son propre rougissement. Elle ne s'en voit pas la victime innocente, elle se sent immédiatement responsable, et cette responsabilité renforce sa honte. Ainsi, cette phrase qui lui a échappé n'est-elle pas innocente, après tout. Elle a rougi, se découvrant soudain autre qu'elle croyait être. Jean-Marc se livre ici à une démarche de type herméneutique, il explore l'histoire de Chantal. Il en va de même de Chantal qui revit un épisode de sa vie. Notons que de telles interprétations de sa propre conduite et de celle de l'autre ne sont pas inutiles ; elles conduisent les individus à voir plus loin, elles tissent des relations entre des idées. Elles contiennent des éléments d'explication, en tout cas des hypothèses. Elles sont insuffisantes cependant. Chantal comme Jean-Marc se contentent d'une approche subjective, d'une captation du sens de leur conduite, et du sens que la conduite de l'autre a pour eux. Ils ne peuvent éviter que chacun parte de son côté, d'où des malentendus qui s'enchaîneront à d'autres. Ni l'un ni l'autre n'atteint les mécanismes psychologiques de rougissement de Chantal.

Mais si les interprétations de Chantal et de Jean-Marc restent subjectives, c'est-à-dire liées à leur point de vue propre, une interprétation béhavioriste aurait été elle aussi incapable d'appréhender la question du rougissement avec un minimum de profondeur. Tout d'abord, aucun béhavioriste ne s'intéresserait à la situation spécifique de Jean-Marc et de Chantal. Il est difficile d'imaginer une étude béhavioriste d'un seul élément de la vie de Chantal, même limité. Tout au plus les béhavioristes pourraient-ils chercher à mettre en évidence des types de situations qui provoquent le rougissement. Sans doute ne serait-ce pas totalement négligeable, mais cela resterait très superficiel. D'une manière générale, l'approche herméneutique risque de sombrer dans la subjectivité, tandis que l'approche béhavioriste reste bornée dans une certaine superficialité.

LE JE ET LE MOI

La notion de moi joue un rôle très important dans la psychanalyse et dans la psychologie de l'identité. Selon Minsky (1985), nous l'avons vu, c'est là cependant une idée imprécise et contradictoire qu'il vaudrait mieux abandonner. Hume affirmait déjà que le moi est une représentation dans un théâtre qui n'existe pas. On pourrait dire que, pour Minsky, le théâtre existe (c'est l'individu) mais que la représentation n'est qu'une illusion.

> Nous sommes tous convaincus que l'esprit humain contient des entités spéciales que nous appelons le Moi. Mais il n'y a pas deux personnes qui tombent d'accord sur ce que c'est (p. 60).

Pour Laing (1971), le moi est une histoire qu'*on* se raconte sur soi. On pourrait alors penser que l'instance constante, c'est-à-dire celle qui raconte l'histoire, est le « on ». Cette manière de voir les choses repose la question, soulevée par Minsky, de la localisation de l'instance centrale, et suggère qu'il faut distinguer l'histoire considérée comme vraie de l'histoire racontée.

> Il arrive qu'on s'efforce de ne pas être ce qu'on « sait » qu'on est au fond de soi-même. Il arrive qu'on s'efforce … de créer par ses propres actes une identité pour soi-même qu'on s'acharne à faire confirmer par les autres (Laing, 1971, p. 116).

Laing distingue donc entre une identité « profonde » et une autre, créée par l'individu lui-même, qui serait un peu idéalisée. On pourrait encore imaginer, si l'on suit Laing, un individu qui englobe deux identités, et qui, en quelque sorte, les observe d'un peu plus haut. Ou encore, on peut penser que l'une de ces identités constitue l'instance de contrôle (partiellement) souhaitée par individu (c'est en cela qu'elle est « profonde »). Mais on peut aussi voir cette profondeur comme une création de l'esprit, ce qui nous renvoie à la métaphore de Hume, c'est-à-dire à des problèmes circulaires.

On pourrait dire aussi qu'il n'y a pas deux personnes qui tombent d'accord sur ce qu'est le « je ». Le problème est ici, comme pour le moi ou l'identité, qu'on tombe très vite dans des définitions tautologiques ou a priori. Erikson dit par exemple : « Le "je" n'est rien moins que l'assurance verbale d'être le centre conscient dans un univers d'expérience dans lequel j'ai une identité cohérente ». Le problème est que le « je » et le « j'ai » renvoient l'un à l'autre.

Il cet certain que la psychologie a hypertrophié le moi. Le fait que la perception de soi – y compris de sa propre pensée – passe par la conscience, nous conduit à exagérer l'importance de la pensée consciente. Or, celle-ci ne mobilise, pour fonctionner, qu'une petite partie du cortex, dans le lobe frontal ; le cerveau ne consacre que très peu de place à la conscience. On a fait du moi une instance centrale, on lui a donné une position hiérarchique importante, simplement parce que c'est d'abord le résultat de l'activité consciente que l'on perçoit. Minsky note avec malice que si le moi était vraiment cette instance centrale que l'on dit, nous aurions bien d'avantage de pouvoir sur nous-mêmes. Nous poursuivrions nos buts avec davantage de cohérence, nous pourrions travailler avec acharnement aussi longtemps que nous le souhaitons, nous pourrions nous empêcher de dormir, etc.

CHAPITRE III

Les mécanismes identitaires

> Comprendre l'identité, c'est en mettre à jour les processus qui en organisent la construction historique, la mise en question, la perte ou la réappropriation.
>
> Pierre Tap, Identité, in *Encyclopedia Universalis*

I. LA RÉDUCTION DE LA DISSONANCE

Normalement, un fumeur qui réalise que la fumée est mauvaise pour sa santé en ressentira un malaise et aura tendance à réduire son malaise (par exemple en diminuant sa consommation, en minimisant les méfaits de la fumée, voire en valorisant ses effets, etc.). Encore faut-il, pour que cette correction ait lieu, que l'individu se sente responsable de lui-même et du fait qu'il fume. C'est cette prise de conscience du décalage entre une conduite spontanée et ce qu'on en pense – en particulier la manière dont on la situe socialement – qui constitue la dissonance. La « loi » de la dissonance peut se résumer ainsi : « S'il y a dissonance, alors il y aura réduction de cette dissonance. » La théorie ne porte pas sur ce qui conduit les individus à la contradiction, mais uniquement sur sa diminution.

RÉDUCTION INCONSCIENTE

Cette loi, qui paraît assez évidente au premier abord, peut aussi rendre compte de situations tout à fait contre-intuitives, comme l'illustre l'expérience de Festinger et Carlsmith (1959), qui suscita, à l'époque, un engouement considérable, et que les psychosociologues connaissent bien. Revenons-y brièvement. Dans cette expérience, on fait faire au sujet une tâche extrêmement ennuyeuse (on lui fait placer des objets sur un plateau, qu'il doit ensuite enlever, puis remettre, etc. ; puis il doit, à nouveau pendant une demi-heure, tourner des bâtonnets d'un quart de tour). Au terme de ces deux tâches, l'expérimentateur demande au sujet de dire au sujet suivant (en réalité un comparse) que l'expérience est vraiment très intéressante. L'expérimentateur lui propose de le payer pour cela. (La moitié des sujets seront payés 1$, l'autre moitié 20$.) Le sujet s'exécute. Il dit que c'était très intéressant, il va même parfois jusqu'à dire qu'il a eu beaucoup de plaisir, que c'était même amusant, etc. Après cela, les sujets remplissent un questionnaire où on leur demande ce qu'ils ont *réellement* pensé de l'expérience.

Bien entendu, cette expérience crée de la dissonance entre ce qu'ont dit les sujets (c'est très intéressant) et ce qu'ils pensaient vraiment de la tâche (c'est très ennuyeux). Par ailleurs, les auteurs de l'expérience pensaient que les sujets payés 20$ souffriraient moins de dissonance que ceux payés 1$ puisqu'ils avaient une meilleure raison de ne pas dire ce qu'ils pensaient. Dans cette hypothèse, ceux payés 1$, qui avaient en quelque sorte menti pour presque rien, souffriraient davantage de dissonance, et la réduction de la dissonance serait donc plus grande.

L'hypothèse fut en effet confirmée, les résultats montrèrent que ceux qui n'avaient été payés que 1$ affirmaient avoir mieux aimé la tâche que ceux payés 20$. Tout se passe comme s'ils s'étaient posé la question « pourquoi mentirais-je à un camarade pour seulement 1$? » et qu'ils y eussent répondu en se persuadant qu'ils n'avaient pas menti, qu'ils avaient réellement aimé l'expérience.

Bien d'autres exemples peuvent être cités pour illustrer le phénomène de la réduction de la dissonance. Pensons par exemple à quelqu'un qui s'abonne à un club de sport. Si les prestations sont inférieures à ses attentes, l'individu va chercher d'autres bonnes raisons d'avoir adhéré – surtout s'il est difficile d'obtenir le remboursement de son abonnement –, il va par exemple découvrir qu'il en aime particulièrement l'ambiance, il va trouver qu'il fait des progrès sportifs, qu'il a rencontré des gens intéressants, etc. On peut aussi penser au cas des bizutages, ou des cérémonies d'initiation, en général « coûteuses » pour l'individu. De telles cérémonies fortifient l'adhésion de l'individu à son nouveau groupe. Un engagement spontané, surtout lorsqu'il est difficilement réversible, et, de plus, livré au regard des autres, conduit souvent l'individu à renforcer son adhésion à cet engagement. D'une manière générale, la plupart des choix qui nous engagent sont ainsi auto-renforcés (même s'ils ne sont pas, au départ, rationnels ni même raisonnables) ; c'est un point que j'ai développé ailleurs.

DISSONANCE ET IDENTITÉ

Mais qu'est-ce que cela a à voir avec l'identité ? Les individus peuvent certes réduire leur dissonance en accentuant leur motivation, comme ci-dessus, mais leur identité ne semble pas affectée. Pourtant, si on reformule la question, on peut voir apparaître ici quelque chose qui ressemble à une fissure de l'identité. Si le sujet se demande : « Qui suis-je, moi qui ai trompé un camarade ? » ce n'est pas seulement la motivation du sujet qui est affectée, c'est aussi l'idée qu'il se fait de lui-même.

71

Si la dissonance affecte l'identité, cela change les perspectives : chaque fois que l'individu agit spontanément, il risque un changement identitaire. L'unité subjective de l'individu, la continuité qu'il voit pour lui-même, se révèle alors fragile, car constamment reconstruite. L'expérience de Festinger et Carlsmith conduit à penser que l'individu qui fait quelque chose de significatif tend à modifier légèrement ses valeurs, sa motivation ou son identité, pour se mettre en accord avec lui-même. L'identité d'un individu peut ainsi glisser à son insu.

Mais il y plus. Des actes totalement anodins peuvent aussi conduire à de véritables changements identitaires, comme l'ont montré Freedman et Frazer (1966). Ces derniers envoient un chercheur dans une banlieue californienne, qui frappe à la porte de villas, se présentant comme une volontaire agissant dans le cadre d'une association. Il propose aux habitants de ces villas de placer un panneau dans leur jardin. A titre d'exemple, il sort de sa poche la photo d'une belle villa devant laquelle se trouve un grand panneau sur lequel figure, écrit de manière irrégulière, « Roulez prudemment ». Cette proposition est évidemment rejetée par une large majorité d'individus (17% seulement l'acceptent). Il y a cependant dans cette expérience plusieurs groupes d'individus, et dans un de ces groupes, les individus acceptent massivement le panneau (76% de ces individus de ce groupe l'acceptent). Que s'est-il passé ?

Deux semaines plus tôt, en effet, un autre « volontaire » a proposé aux individus de ce groupe de coller sur leur porte un petit autocollant d'une dizaine de centimètres de long sur lequel figurait « Roulez prudemment ». Cela, presque tous les individus sollicités l'ont accepté. Ainsi, parce qu'ils ont accepté cette anodine demande d'autocollant, ils se trouvent conduits à accepter le grand panneau, victimes de leur propre cohérence.

Mais le plus étonnant est à venir. Dans un autre groupe, un « volontaire » a demandé aux propriétaires de villas de signer une pétition en faveur d'une « Californie propre ». Deux semaines plus tard, comme dans le groupe précédant, un autre « volontaire » leur propose le panneau « Roulez prudemment ». Or, près de la moitié des individus interrogés consentent à placer le panneau dans leur jardin !

A première vue, cela paraît difficile à expliquer. Comment le fait de signer une pétition concernant la propreté de la Californie peut-il conduire les individus à accepter un panneau concernant la prudence au volant ? Freedman et Frazer finirent par se rallier à la seule hypothèse plausible : accepter de signer change la perception que les individus ont d'eux-mêmes. Dès lors qu'ils ont accepté cette petite demande, ils se perçoivent comme davantage concernés par les problèmes de leur communauté, ils deviennent en quelque sorte des citoyens plus responsables. Il va de soi qu'une telle modification n'est pas anticipée par les individus eux-mêmes, qui se trouvent en quelque sorte pris au piège d'un acte qu'ils considèrent comme anodin.

La théorie de la dissonance dit seulement qu'après avoir fait un choix dont nous assumons la responsabilité, nous avons tendance à nous mettre en accord avec ce choix, elle ne dit rien de la magnitude du choix. Des actes bénins, qui paraissent négligeables, voire dérisoires, peuvent aussi affecter les valeurs, et la vision que les individus ont d'eux-mêmes. Nous comprenons maintenant que signer une pétition, donner de l'argent pour une cause, sympathiser avec un membre d'une secte, envoyer un *curriculum vitae* à un employeur potentiel, par exemple, modifie à notre insu nos engagements et l'idée que nous nous faisons de nous-même. De tel actes, bien que relativement insignifiants, conduisent à des glissements identitaires.

LE LAVAGE DE CERVEAU

Après la guerre de Corée, des soldats américains ont été retenus prisonniers dans des camps par des Chinois. A leur retour, ils avaient changé : ils étaient devenus anti-américains. Je ne veux pas revenir ici sur les controverses qu'ont suscitées ces conversions ; on en a peut-être exagéré la portée. Il n'en reste pas moins qu'il y a eu des changements importants et durables dans les valeurs idéologiques de la plupart des soldats américains, c'est-à-dire dans le contenu de leur identité. Comment cela a-t-il été possible ?

Ce qui frappe d'emblée, c'est qu'aucune contrainte n'a été exercée sur ces prisonniers, aucune punition n'a même été évoquée. On leur demandait s'ils étaient d'accord avec des affirmations bénignes du type « tout n'est pas parfait aux États-Unis », ou « dans un pays communiste, le chômage n'est pas un problème ». Les prisonniers acquiesçaient volontiers. Leurs affirmations étaient reprises par les Chinois et publiées par voie d'affiche. On demandait aussi aux prisonniers de faire une liste de ce qui allait bien et de ce allait moins bien aux États-Unis. Ici encore, leurs affirmations – surtout les plus critiques – étaient reprises par les Chinois, parfois répétées à la radio du camp. Le nom de l'auteur était mentionné. Les prisonniers se trouvaient ainsi confrontés à leur *propre* opinion ; ajoutons qu'ils ne cherchaient pas à cacher cette opinion, et qu'ils ne ressentaient pas sa publication comme une manipulation. Répétons qu'aucune contrainte n'était exercée sur les prisonniers, que ces exercices n'étaient accompagnés ni de punition ni de récompense. Aucune contrainte n'était ressentie par eux : après tout, les Chinois ne faisaient que reprendre et amplifier ce que les prisonniers avaient eux-mêmes dit et écrit librement. En assumant ainsi la responsabilité de leurs affirmations, ceux-ci se prenaient à leur propre piège. Leurs valeurs se modifiaient lentement. Ils devenaient procommunistes (Cialdini, 1985).

L'ABSENCE DE DUPLICITÉ DES PRISONNIERS AMÉRICAINS

Mais pourquoi ce « lavage » a-t-il si bien fonctionné ? Pourquoi les soldats américains n'ont-ils pas seulement feint d'adopter des valeurs pro-communistes pour faire plaisir à leurs geôliers – ou par crainte –, tout en gardant au fond d'eux-mêmes leurs authentiques valeurs ? Pourquoi n'ont-ils pas simulé l'adoption de ces nouvelles valeurs pro-communistes ? Pourquoi n'ont-ils pas fait preuve de duplicité ? Après tout, ils auraient pu, comme les moralistes jésuites, faire des restrictions mentales. La réponse à ces questions tient précisément au fait que le changement ne leur a pas été imposé, qu'ils s'en considèrent comme les auteurs, qu'ils en assument la responsabilité. Le changement de valeurs, même s'il trouve son origine dans des circonstances imposées par l'environnement social des prisonniers, vient de l'intérieur.

Les prisonniers ont donc l'impression que ce qu'ils ont écrit, ils l'ont écrit librement et spontanément. Dès lors, tout se passe comme s'ils étaient interpellés dans leur identité même, comme s'ils se posaient la question : « Qui suis-je, moi qui ai écrit ces choses négatives sur les États-Unis ? » La réponse s'impose à eux : « Je suis quelqu'un qui a pris ses distance avec son pays », ou « au fond, je n'ai jamais été très pro-américain », par exemple. Et ce qu'ils ont écrit de positif sur le communisme ou sur la Chine les conforte dans cette opinion et les rapproche de l'idéologie communiste.

Il faut donc bien voir que c'est l'autonomie des soldats – en tout cas l'autonomie qu'ils s'attribuent, l'autonomie consciente – qui fait que le « lavage » fonctionne. Pour cela, il est essentiel que les individus acceptent d'eux-mêmes, sans sentiment de contrainte, les demandes qui leur sont faites. Ils sont alors pris à leur propre piège, et s'endoctrinent eux-mêmes, un peu comme les Suisses, qui – selon Dürrenmatt (1990) – *s'emmenottent* eux-mêmes dans leur

75

propre prison (entendez : la Suisse). Pour qu'un tel endoctrinement fonctionne, il faut que ses mécanismes échappent à l'individu. En effet, un individu qui aurait conscience d'être manipulé réagirait contre cette manipulation (cf. Cialdini, 1985). Le processus psychologique en jeu ici s'apparente donc bien à de la réduction de dissonance.

Après le retour des soldats américains, le responsable de l'évaluation de ce lavage de cerveau s'étonna de ce que les soldats qui paraissaient les plus solides, les plus autonomes, les mieux à même de résister au processus d'endoctrinement, furent ceux-là mêmes qui changèrent le plus profondément. Cela ne devait pas nous surprendre cependant. Rappelons que pour que le changement idéologique se produise, il suffit que les individus eux-mêmes assument la responsabilité de leurs actes. Or les individus les plus autonomes sont précisément ceux qui assument le mieux la responsabilité de leurs actes.

LE RAVISSEMENT DE MIRANDA

On m'objectera que ces soldats américains étaient emprisonnés, et que par conséquent ils étaient bien dans une situation contraignante. On peut penser qu'en répondant aux sollicitations de leurs geôliers, ils n'agissaient pas spontanément. Pour clarifier cela, essayons de contraster la situation de ces prisonniers avec une autre situation d'emprisonnement. Dans son roman *The collector*, John Fowles met en scène un jeune homme qui a enlevé une jeune fille, Miranda, dont il est amoureux. Il la garde prisonnière dans une maison de campagne. Fowles joue avec l'idée que le jeune homme ne pouvant quitter la jeune fille (qui s'échapperait), il est lui-même son prisonnier. Le jeune homme souhaite que Mirande se mette à l'aimer. Il ne peut d'ailleurs la laisser partir car il risquerait d'être accusé de séquestration. Il faudrait qu'elle affirme qu'elle l'a suivi de son plein gré ; mis comment être sûr de sa bonne foi ? On en revient au point de départ : il faudrait qu'elle l'aime (vraiment). Il ne la relâchera donc que si elle l'aime. Vu que cela n'a pas l'air de marcher comme il le souhaite, il cherche à l'obliger à l'aimer, ce qui ne produit évidemment pas l'effet recherché.

Ce jeune homme, à l'instar des geôliers chinois, cherche à obtenir – disons – un changement de valeurs, dans le cadre d'un emprisonnement. Pourquoi cela marche-t-il pour les Chinois et pas pour lui ? Tout d'abord, il faut observer que Miranda et son geôlier sont engagés dans une communication trompeuse : celui-ci peut craindre que toute promesse de Mirande ne constitue au fond qu'une ruse pour s'échapper. Fowles ne se prive pas d'insister sur cette incommunicabilité spéculaire et sur les malentendus à rebonds qui en résultent (et renvoient à la situation fondamentale du couple, à la prison de l'amour, à ce qu'on ne peut pas vouloir). Les prisonniers américains ne sont pas dans cette situation. Tout d'abord, leurs geôliers ne sont pas plus responsables de leur emprisonnement qu'ils pourraient l'être de leur libération. Ensuite, les camps de prisonniers ont, dans le cadre de la guerre, une certaine légitimité ; la capture de Miranda est en revanche illégitime ; il suffirait qu'elle s'échappe pour que justice lui soit rendue. Il faut donc imaginer que les prisonniers américains acceptent leur situation, qu'ils considèrent qu'elle fait partie de leur destinée. Il n'est pas question que ce qu'ils disent à leurs gardiens puisse affecter la durée de leur séjour dans le camp, ni même la qualité de leur séjour. Le camp est un fait de la vie dont il vaut mieux tirer le meilleur parti (en particulier en se livrant à d'intéressantes discussions idéologiques). Les gardiens n'exerçant aucune pression, ils sont acceptés comme interlocuteurs. En revanche, même si Miranda ne subissait pas de pression directe, il est peu plausible qu'elle se mette à avoir des sentiments positifs envers son geôlier, celui-ci exerçant sur elle une contrainte par le simple fait qu'il la retient prisonnière. Les cas de Miranda permet donc de comprendre *a contrario* pourquoi la captivité des prisonniers américains les conduit à une sorte de collaboration spontanée, et non pas à une stratégie de confrontation avec leurs geôliers, stratégie qui aurait rendu le lavage de cerveau difficile, voire impossible.

MICHEL HELLER ET ALEXANDRE ZINOVIEV : DES INTERPRÉTATIONS DIVERGENTES

Michel Heller fait une analogie – et il la prend très au sérieux – entre les réactions de l'*homo sovieticus* en URSS et le lavage de cerveau des prisonniers américains dans les camps chinois après la guerre de Corée. Il s'attarde longuement sur l'ambition de Lénine de créer un « homme nouveau », et il montre que cette transformation des individus repose essentiellement sur la contrainte. Il a donc une vision différente de celle de Zinoviev, qui, lui, met l'accent non pas tant sur les contraintes que sur les perturbations de l'identité que supposent l'insertion dans le système soviétique et la réaction à un tel système. Pour Zinoviev, les contraintes sont beaucoup moins visibles que pour Heller. Zinoviev a plutôt tendance à faire de la psychologie, et il faut lui reconnaître dans cet exercice un certain talent. Heller fait plutôt de la sociologie, et il le fait avec précision, même s'il ne renonce pas à la polémique. Il y a là deux éclairages. Revenons à Heller (1985:50) qui affirme que la collectivisation de l'agriculture soviétique fut un choc extrêmement rude et traumatisant :

> Le génocide était indispensable à la réalisation de l'utopie communiste : il fit la preuve que l'homme était devenu une abstraction, un numéro, une statistique. Un demi-siècle plus tard, les historiens soviétiques de la collectivisation donnent le chiffre exact des pertes en bovins et ovins, mais se refusent toujours à donner la moindre indication concernant les pertes humaines. Le massacre de la paysannerie permit de transformer

78

les survivants en une masse inerte, soumise. A la même époque, s'établit dans le système hiérarchique un "fondement" solide, la base de la pyramide : les paysans, devenus kolkhoziens, privés de tous leurs droits et définitivement enchaînés à la terre de l'État.

Heller fait un parallèle entre l'univers concentrationnaire nazi et le système de répression soviétique. Il cite Bettelheim qui parle des arrestations, passages à tabac, tortures, séjours en camps, qui visent « à imposer aux prisonniers un comportement enfantin ». Heller poursuit :

> Apparemment Bruno Bettelheim ne soupçonne pas un instant qu'en analysant le comportement des bourreaux et des victimes d'un camp de concentration allemand, il décrit les grandes étapes de la transformation de l'homme en Union soviétique. Le but des camps de concentration allemands, écrit-il, était de "modifier la personnalité pour l'adapter aux besoins de l'État". Pour ce faire, on s'acharnait à briser les détenus, à en faire une masse soumise, n'opposant aucune résistance collective ou individuelle. Dans ce but, une série de traumatismes leur était infligée... En résultat de quoi, ces adultes, transformés en gamins soumis, avaient la terreur des gardiens et exécutaient tous leurs ordres (Heller, 1985:46).

Les citations ci-dessus suffisent à illustrer l'argumentation de Heller, qui insiste sur l'oppression et l'infantilisation qui en résulte. Cette oppression, en tout cas dans ses aspects les plus violents, n'a rien à voir avec le patient travail de persuasion des Chinois dans le processus de « lavage de cerveau ». Au cours de ce processus, comme on l'a vu, ce sont les victimes qui se conditionnent elles-mêmes ; nous ne sommes pas loin des processus décrits par Zinoviev, même si celui-ci n'ignore pas les pressions institutionnelles. Heller se concentre sur autre chose : il parle d'oppression, c'est-à-dire de violences, de brutalité, de brimades, de privation de liberté, et des réactions, en particulier d'infantilisation, que cela suscite. Il ne s'agit pas d'accentuer le trait, ni d'ignorer que ces deux approches correspondent à des situations qui peuvent voisiner. Il y a là deux éclairages sur les liens individus-société dans le système soviétique.

UNE IDENTITÉ FRAGMENTÉE

L'exemple du lavage de cerveau met en évidence un changement d'identité – ou plutôt d'identification – particulièrement flagrant. Certes, il est rare que des individus se trouvent dans des situations similaires à celle de ces prisonniers ; cet exemple a d'abord un intérêt pédagogique, car il met en évidence un changement radical (de représentation de soi, du monde, de ses valeurs, ou de son idéologie) à partir d'engagements anodins. Il y a cependant, dans la vie courante, de nombreux changements de la représentation de soi dus au cumul de petits glissements identitaires, comme on l'a vu à propos de l'expérience de Freedman et Frazer. On peut penser à un petit acte d'altruisme, tel que donner quelques pièces à un mendiant (acte qui nous rehausse à nos propres yeux), à une petite transgression (qui peut conduire à d'autres), ou à des mots qui dépassent la pensée (et qui renforcent ou cristallisent une attitude), comme chez Chantal.

De tels glissements d'identité ne sont pas toujours aussi simples et linéaires que ce que nous avons supposé jusqu'ici. Pour reprendre un exemple de Garai (1986), un Musulman qui se laisse aller à boire du vin éprouvera une certaine dissonance. Mais s'il a vécu en Europe occidentale, par exemple, et qu'il en a adopté certaines valeurs, il peut se considérer comme un Musulman particulier. En buvant du vin, il entre en dissonance avec son identité de Musulman, mais pas avec son identité de Musulman partiellement occidentalisé. Il a dès lors deux possibilités : réduire sa dissonance ou occulter son identité de Musulman. Sans doute les deux processus se trouvent-ils souvent entremêlés. C'est ainsi que, dans un monde qui se métisse, les individus naviguent entre leurs appartenances identitaires. Notons que, la dissonance permettant de glisser d'un contenu identitaire à un autre, si ces contenus sont fluctuants et flous, la dissonance et sa réduction jouent un moindre rôle ; d'autre mécanismes d'acculturation peuvent aussi entrer en jeu, proches de la négociation ou du conflit (Berry, 2005), ou des processus d'assimilation ou de coalescence culturelle (Maalouf, 1998).

Pour André Green (1995), les formes extrêmes de l'identité fragmentée apparaissent principalement dans deux registres : la filiation et la sexualité :

> Le délire de filiation repose sur la certitude d'être issu de parents le plus souvent illustres, de lignée royale, qui compense la blessure narcissique des déceptions infligées par les parents réels... Le délire transsexualiste s'appuie sur la certitude d'appartenir à un sexe différent de celui qu'attestent les attributs sexuels apparents. Il ne vise pas qu'à la désappropriation du sexe de l'identité du genre, mais aussi à l'appropriation quasi vampirique du sexe de l'autre (p.83).

Si ces cas extrêmes reposent sur un rejet de soi particulièrement radical, il n'en existe pas moins des cas plus banals où une catégorie identitaire fantasmée et valorisée s'oppose à certains marqueurs identitaires. On peut penser à une personne qui adopte un *look* qui ne correspond pas du tout à son âge. On peut aussi penser, dans un registre plus conscient, à un individu qui dirait : « Je suis ingénieur, mais ma vraie vie est ailleurs : je joue de la trompette », ou « certes, je suis serveuse, mais j'ai un roman en préparation ». Dans de tels cas, il y a une identification qui vient perturber une identité sociale. La dissonance peut jouer des rôles divers, accentuant l'une ou l'autre identité (identification ou identité sociale). De telles identités peuvent aussi être complètement isolées l'une de l'autre, la réduction de la dissonance ne fonctionnant qu'à l'intérieur d'un seul sous-système identitaire à la fois.

Il faut aussi observer que dans les sociétés traditionnelles, l'individu étant moins autonome, la réduction de la dissonance joue un rôle moins important que dans les sociétés individualistes. Ceci a au moins deux conséquences, l'une au niveau de l'individu, l'autre au niveau sociétal. Au niveau de l'individu, vu que la réduction de la dissonance est le principal mécanisme de changement identitaire, on peut penser que les contenus identitaires seront plus rigides dans les sociétés traditionnelles. Au niveau sociétal, la réduction de la dissonance joue dans les sociétés individualistes un rôle de stabilisation sociale. Je m'explique. Après que les individus ont adopté une nouvelle conduite (dans la plupart des cas sous l'influence de leur environnement social), la réduction de la dissonance va faire qu'ils vont s'ajuster à cette nouvelle conduite, c'est-à-dire, dans la plupart des cas, s'ajuster à leur environnement social, en d'autres termes, agir en tant que membres bien intégrés de leur milieu social, ce qui va conduire à renforcer la stabilité sociale. Ce mécanisme d'ajustement va jouer un moindre rôle dans les sociétés traditionnelles ; elles devront donc compenser cette régulation spontanée par une régulation autoritaire.

II. LADOUBLE CONTRAINTE

Dans sa formulation la plus simple de la double contrainte *(double bind)*, Bateson (1980) met en scène deux personnes, dont l'une exerce une injonction contradictoire, et l'autre – la victime – la subit. C'est sur la victime que Bateson pointe son regard. Celle-ci reçoit une injonction telle que si elle fait en effet ce qui lui est demandé, elle se trouve en contradiction avec une autre injonction, qui découle de la première mais reste en général non dite et souvent partiellement inconsciente. Un exemple classique est l'injonction « sois spontané », la victime ne pouvant l'être sur demande. Une question du genre « est-ce que tu m'aimes ? » fonctionne comme l'injonction ci-dessus, dans la mesure où si la victime répond par l'affirmative à cette question, elle s'empêche par là même d'exprimer un sentiment spontané.

Bateson voit l'origine des problèmes liés à la double contrainte dans la famille. Il cite de nombreux exemples de rejets déguisés en comportements affectueux. Par exemple, une mère qui ressent de l'hostilité à l'égard de son fils, lui dit : « Va au lit, tu es fatigué, et je veux que tu te reposes. » Si l'enfant percevait ce rejet qui n'est pas dit, mais qui est « méta-communicatif » – comme dit Bateson –, il serait en quelque sorte puni par ce rejet. Il est donc poussé à accepter l'idée qu'il est fatigué, évitant ainsi d'être confronté à la tromperie de sa mère. L'enfant doit donc s'abuser sur lui-même (je suis fatigué) et sur sa mère (elle m'aime). Pour survivre avec sa mère, il doit à la fois mal interpréter ses propres messages intérieurs et ceux de sa mère.

Dans le même ordre d'idées, Sluzki et Veron (1981) discutent le cas d'un étudiant qui éprouve d'énormes difficultés à se brosser les dents. Il fait tout pour retarder, et finalement éviter, le brossage des dents. Il qualifie lui-même son comportement d'irrationnel. Le thérapeute qui s'occupe de cet étudiant a noté que, lorsqu'il était enfant, ses parents lui envoyaient un double message :

> D'abord : « Tu dois te brosser les dents », et ensuite : « Le fait de vouloir se brosser les dents est une attitude adulte, et par conséquent indépendante et digne de louanges. » Ces deux messages se réduisent au paradoxe : « Fais exactement ce que nous te disons de faire, mais fais-le de ta propre initiative », et pourraient être explicités de la manière suivante : « Si tu n'obéis pas, nous serons en colère contre toi, mais si tu n'obéis que parce

83

que nous te le disons, nous serons aussi en colère, parce que tu devrais être indépendant » (p. 310).

C'est ici au niveau des intentions mêmes que se situe le blocage. Dans le langage des auteurs, l'injonction « sois indépendant ! » crée une situation intenable « parce qu'elle exige qu'une source externe [les parents] soit confondue avec une source interne ». On pourrait dire aussi que l'autonomie de l'individu (dans le contexte du brossage des dents) est perturbée.

RETOUR À ZINOVIEV

On se souvient que dans le monde de Zinoviev les individus finissent par ne plus croire à leurs propres sentiments, et même à ne plus avoir de sentiments propres. Comme toujours, le contexte de la double contrainte se tourne contre soi *et* se dirige contre les autres. La victime subit la double contrainte et devient par là même émettrice de double contrainte. Voyons comment, selon Zinoviev (1979), les « Ivaniens » se confrontent aux étrangers, et exercent sur eux une double contrainte :

> Les Ivaniens adorent les étrangers et sont prêts à leur donner leur dernière chemise. Si l'étranger ne prend pas la chemise, on le traite de salaud. Et on a raison. Prends ce qu'on te donne sans attendre qu'on te cogne. Mais prend donc, nom de nom, si tu ne veux pas avoir une grosse tête. Et arrête de faire ton malin, c'est de bon cœur…

Zinoviev grossit évidemment les ficelles de la double contrainte. Il faut imaginer que seul le discours de la générosité est audible, l'autre – le discours agressif – se trouvant en quelque sorte en filigrane. Les conditions de la double contrainte sont ainsi réunies, le métadiscours étant peu perceptible. Encore une fois, il faut imaginer que les complices sont aussi des victimes, c'est-à-dire que ceux qui tiennent un tel discours sont eux-mêmes victimes de double contrainte, dans le sens qu'ils ne distinguent pas – ou mal – les deux niveaux de communication.

On peut aussi voir de la double contrainte dans le cadre de déterminations sociales. C'est ainsi que pour Zinoviev (analysé par Elster, 1990), il semble que ce soit la société soviétique elle-même qui ait été créatrice de double contrainte chez ses membres. Dans *Les hauteurs béantes*, il montre par exemple comment le système soviétique conduit les dissidents à s'ajuster à lui, ne serait-ce que pour pouvoir exister en tant que dissidents. C'est ainsi qu'ils sont à la fois des dissidents et, en quelque sorte, des arrivistes. Comme le dit Zinoviev (cité par Elster, 1990) :

> Au fur et à mesure qu'il surmonte les résistances, l'homme [le dissident] prend peu à peu une forme qui s'approche de l'individu standard de cette société. Sinon, il ne parvient pas à se faufiler dans les fissures de tous les obstacles. L'homme croit qu'il garde son individualité de créateur et qu'il réalise ses idéaux. Mais, en réalité, il se conforme progressivement à un standard.

Pour Elster (1990:95), les dissidents « confondaient l'absence de désir de s'adapter avec le désir de ne pas s'adapter ». D'où des problèmes d'identité, similaires à ceux que nous avons vus ci-dessus. Elster s'est longuement attardé sur le double rôle de la négation dans le système soviétique, sur le jeu des interdictions et des permissions négatives. Il observe que l'œuvre de Zinoviev est truffée d'exemples d'individus qui exercent de la double contrainte et de victimes de telles tentatives. Dans *Les hauteurs béantes*, Zinoviev mentionne cette caractéristique fondamentale du droit de la société soviétique, à savoir que l'absence d'une obligation implique la présence d'une interdiction. Par ailleurs, l'absence d'interdiction n'implique pas la permission : « Il faut encore une autorisation officielle. Parfois même, cela ne suffit pas ; il faut encore une interdiction de s'opposer à la réalisation d'actes autorisés. » On est donc plongé dans un monde d'obligations et d'interdictions où, dans les zones d'intersection, la même conduite est à la fois obligatoire et interdite. Pour Zinoviev, de telles injonctions paradoxales sont essentielles au fonctionnement de la société soviétique. Il les voit comme le résultat d'un système totalitaire qu'en retour elles permettent.

Notons cependant qu'il y a là un mécanisme qui s'étend bien au-delà des régimes totalitaires, et qui se retrouve dans toute bureaucratie. Rappelons que, dans un système bureaucratique, les individus se réfugient derrière la lettre des règlements, et en occultent l'esprit. Or, la tentation de la règle pour la règle conduit toujours à des contradictions et des absurdités. En suivant pointilleusement la règle, les individus agissent en tant que subordonnés obéissants. Les supérieurs, quant à eux, tolèrent – dans le système ivanien, favorisent – les contradictions qu'engendre cette obéissance. Les subordonnés y trouvent aussi leur compte, qui se ménagent une certaine autonomie en jouant sur les failles et les contradictions de la réglementation.

SCHIZOPHRÉNIE ET BUREAUCRATIE

Revenons à Bateson et à la double contrainte. Selon ce dernier, quand un individu est pris dans une double contrainte, il a tendance à réagir comme un schizophrène, de manière défensive ; il prend par exemple les métaphores à la lettre. Bateson (1990) donne l'exemple d'un employé de bureau qui rentre souvent chez lui pendant les heures de travail. Au bureau, un de ses collègues lui dit : « Comment se fait-il que tu sois là ? » Notre homme répond : « Eh bien je suis venu en voiture. » Il répond ainsi à une méta-communication qui peut être vue comme un peu agressive comme s'il la comprenait de manière littérale, niant ainsi l'agression.

Cet exemple va tout à fait dans le sens de ce qu'on sait des dysfonctionnements bureaucratiques. Merton (1957) a montré comment les membres d'une organisation bureaucratique ont tendance à prendre les règles comme des fins et non comme des moyens. Quand la règle est de « faire x si les circonstances sont y », cela sous-entend toute une série de choses ayant trait aux limites de x et de y, au contexte, aux conditions initiales de l'action, aux systèmes de signification antérieurement établis, etc., qu'il serait très fastidieux de préciser. Il peut alors arriver qu'il soit plus prudent ou moins « coûteux » pour le subordonné de prendre x et y dans une acception littérale. Nous avons vu que cet excès de formalisme constitue la marge de manœuvre du bureaucrate et son moyen privilégié de s'affirmer dans le cadre des règles existantes. C'est aussi un moyen de renforcer sa position dans la hiérarchie, qui le fait apparaître comme sérieux et bien intégré dans l'organisation.

La logique du bureaucrate n'est évidemment pas pour autant celle du schizophrène : celui-ci cherche d'abord à se défendre, tandis que le bureaucrate cherche à s'affirmer. Nous l'avons vu, pour Bateson, quand le schizophrène est pris dans une double contrainte, il confond le littéral et le métaphorique, la lettre et l'esprit. Quand il utilise une métaphore, ce n'est pas dans le seul but de sortir d'un piège, il croit à sa métaphore.

> Le cas devient pathologique lorsque la victime elle-même ne sait pas que ses réponses sont métaphoriques, ou bien lorsqu'elle ne peut pas le reconnaître. Pour qu'elle l'admette, il faudrait que la victime se rende compte qu'elle est en train de se défendre, et, par conséquent, qu'*elle avait peur de l'autre*. Une telle prise de conscience équivaudrait à une accusation de l'autre et provoquerait à ses yeux un désastre (Bateson, 1980:18).

En d'autres termes, à la différence du schizophrène, le bureaucrate qui se réfugie dans le formalisme le fait par stratégie.

Certes, il arrive que le bureaucrate ait tellement bien intégré cette défense contre l'injonction paradoxale que la confusion entre la lettre et l'esprit devient une manière naturelle d'être avec les autres, automatisée dans le cadre de ses fonctions. Mais cela ne signifie pas qu'il confonde *vraiment* la forme et le fond, la règle et la raison, même s'il est parfois contraint – en quelque sorte pour se défendre – de faire comme s'il confondait. On peut naturellement épiloguer sur le degré de complicité et de duplicité du bureaucrate. Même si la situation de subordination dans laquelle il se trouve le conduit à une certaine confusion qu'il a avantage à simuler et à entretenir, il n'y a rien d'une simulation dans l'attitude du schizophrène. Celui-ci, placé dans une position bureaucratique, ne percevrait pas les limites dans l'application formaliste des règles. Peut-être même se réfugierait-il dans des métaphores. Il ne comprendrait pas le jeu qu'il doit jouer. Il serait une victime tétanisée et inconsciente de la situation ; le bureaucrate en est une victime complice.

Ajoutons que le bureaucrate n'est pas pris dans une simple contradiction entre les règles rigides de son organisation et une demande extérieure d'adapter les règles aux circonstances particulières dans lesquelles il agit. Une telle situation devrait le conduire à adapter les règles. Or c'est précisément ce qu'il ne fait pas. Il faut voir que le bureaucrate agit dans le cadre de son organisation, c'est-à-dire en tant que bureaucrate, occultant alors largement ses autres rôles sociaux. Il est pris dans des règles qui, paradoxalement, ne sont pas vraiment imposées. En tout cas, le bureaucrate se pense comme relativement autonome ; il est donc inévitablement complice de ces règles. Comme toujours quand il y a double contrainte, la contradiction opère entre une demande « intérieure » (et intériorisée) et une demande extérieure (les autres, les clients de l'organisation). Si la réponse typique est ici l'application rigide du règlement, et non pas la paralysie, comme dans le du cas de l'étudiant qui ne parvient plus à se brosser les dents, c'est que, d'une part, cette réponse est déterminée par l'organisation ici et maintenant, et que, d'autre part, c'est la moins coûteuse pour lui. Le bureaucrate « normal » n'en ressent pas moins un vague malaise.

Les choses seraient évidemment différentes si le bureaucrate était dans une situation de totale subordination. Dans une telle situation, la seule manière de se protéger (ou de se défendre) serait d'obéir de manière inconditionnelle, et de se persuader qu'il n'y a pas d'alternative. La conduite du subordonné serait alors entièrement dictée par le supérieur, sa seule marge de manœuvre étant liée à l'inattention du supérieur ou à un défaut de surveillance. Le subordonné serait placé dans la situation d'un enfant qui ne désobéit que s'il est sûr de ne pas être vu. Or, tel n'est pas, bien sûr, le cas du bureaucrate, qui a des droits, qui peut recourir s'il est victime d'une injustice, qui ne peut pas être renvoyé pour des raisons arbitraires, etc. Mais ses droits trouvent leurs limites dans les règles de l'organisation et dans la relation de subordination.

Comme la victime de la double contrainte, le bureaucrate subit une injonction primaire qu'on peut résumer par : « Agis en tant que membre de ton organisation ! ». L'injonction secondaire, moins directement perceptible est du type : « Mais prends tes responsabilités ! » Une condition fondamentale de la double contrainte est ainsi réalisée, qui interdit à la victime d'échapper à la situation. Et, comme dans toutes les situations de double contrainte, la victime ne peut pas s'exprimer de manière authentique, car il n'y a plus de manière authentique de s'exprimer qui s'opposerait à une manière inauthentique, elles se confondent.

LA DOUBLE CONTRAINTE DANS LES SYSTÈMES COMMUNISTES

Zinoviev n'est pas le seul à avoir relevé la duplicité du pouvoir communiste. Depuis les années 1990, des sociologues polonais ont noté le double standard, ou le double niveau du discours dans la société polonaise communiste. C'est ainsi que Lutynski (cité par Sztompka, 1993) s'est intéressé aux actions rituelles dépourvues de toute signification reconnue, y compris par les acteurs eux-mêmes. L'exemple classique est l'élaboration de plans dont chacun savait qu'ils étaient impossibles à réaliser. Ces plans devenaient de plus en plus irréalistes au fur et à mesure qu'ils avançaient dans les échelons administratifs. Les erreurs d'évaluation étaient ensuite maintenues et servaient de base à d'ultérieures exagérations. Lutynski est frappé par le fait qu'en produisant et en propageant de telles prévisions les individus restaient sérieux et prétendaient être crédibles. Ce niveau de discours officiel contrastait avec ce que les individus pouvaient dire en privé. Cette distorsion public-privé, particulièrement marquée dans les régimes communistes, est ce que T. G. Ash (1990) appelle la « structure du mensonge organisé ». Il montre que le parler public obéit à une phraséologie, à un vocabulaire particuliers. Les orateurs sont dogmatiques, se laissant guider sans réflexion critique par l'idéologie. Cependant, quand ils ne parlent pas en public, ils défendent des idées très différentes ; il leur arrive même de se tourner eux-mêmes en ridicule. Ils jouent deux jeux différents.

Sztompka relève aussi, dans les régimes communistes, une forte réticence à prendre des responsabilités ; on cherche à les prendre de manière factice (par exemple oralement seulement), ou à les déléguer. Il observe que se crée et s'entretient ainsi une sorte d'infantilisation, qui appelle une demande de paternalisme de la part des autorités. Sztompka (1998) observe que cette attitude, qui s'est prolongée quelques années au-delà de la fin du système communiste en Pologne, s'est dissipée. Il pense que les Polonais ont accepté le nouveau régime non plus comme imposé, mais comme l'expression même de leur nouveau destin. Aujourd'hui, en Pologne, les attitudes envers les très riches ainsi que l'esprit d'entreprise, pour ne prendre que ces deux indicateurs, sont au niveau de l'Europe de l'Ouest. (En revanche, la Bulgarie et le Roumanie ont gardé le plus de caractéristiques des régimes communistes.)

LES CALVINISTES SONT DÉPASSÉS

Au fondement de la morale de Calvin, il y a cette idée que Dieu est partout, qu'il s'occupe de tout, et, en même temps, que ce qu'il fait est totalement illisible pour les hommes. Pour Calvin, Dieu est bon, et il prend soin de sa création. L'existence des hommes est ainsi « arrachée à l'absurde », mais d'une manière qui les dépasse tellement qu'ils sont irrémédiablement condamnés à ignorer les raisons et le sens de l'intervention divine (Fuchs, 1996). Ils savent – ou plutôt ils postulent – que même si l'action de Dieu leur échappe, celui-ci n'est cependant ni arbitraire ni capricieux ni indifférent (c'est la doctrine de la Providence). Comme le dit Fuchs, « il nous faut donc postuler qu'en Dieu, c'est-à-dire à un niveau qui nous est inaccessible, la justice reste entière, et l'éthique établie. »

Les Calvinistes sont-ils dans la situation d'un enfant qui ne comprendrait rien aux raisons qui animent ses parents, et qui devrait agir sans savoir s'il sera gratifié ou puni ? On pourrait le penser quand on sait que le Calviniste est dans une situation de totale infériorité intellectuelle : il sait que Dieu sait tout et qu'il ne sait rien et, en même temps, il doit agir comme s'il était autonome. Il faut cependant observer que les enfants sont rarement dans une situation de *totale* ignorance telle que celle décrite ci-dessus. En effet, il y a presque toujours, venant de l'autorité parentale, des punitions ou des gratifications qui guident l'enfant sur le chemin de ce qu'il doit éviter ou rechercher. Quand celles-ci manquent ou quand elles sont incohérentes, l'enfant, s'il en a les moyens, est conduit à répondre par une autonomie accrue. Quant à la double contrainte, ce n'est que lorsque l'autonomie de l'enfant est plus ou moins explicitement demandé par les parents qu'elle intervient ; pour qu'il y ait double contrainte, il faut qu'il y ait une demande d'autonomie de la part de l'instance supérieure. Rien de tel n'est, il me semble, demandé par le Dieu de Calvin. On peut donc penser que la coupure que le Calvinisme instaure entre Dieu et l'homme conduit ce dernier à une certaine autonomie plutôt qu'à l'enfermer dans une double contrainte. Même si l'homme est fasciné par Dieu, ce dernier reste trop distant pour créer de la double contrainte. A force de faire comme s'il était autonome, le Calviniste gagne sans doute au contact de la vie une véritable autonomie. On pourrait en revanche faire l'hypothèse que le problème psychologique de la double contrainte affecte davantage les Catholiques, qui restent davantage soumis à Dieu. (Nous avons vu ci-dessus comment la soumission était génératrice de double contrainte.) Les Calvinistes, plus que d'être soumis, sont *dépassés* par Dieu.

L'IRONIE DU DOUBLE EXACT

Le fait de suivre une mode implique toujours un double mouvement, ou plutôt un souhait accompagné d'une crainte. Je souhaite être *in*, mais si j'en fais trop (ou pas assez) je suis *out*. Les limites étant un peu floues, je peux chercher à être *in* (ou *out*) pour moi, sans penser l'être pour les autres. En d'autres termes, je peux chercher à être *in* tout en cherchant à ne pas l'être. Il y a là quelque chose qui est proche de la double contrainte, et qu'illustre bien l'ironie du double exact.

Dans un livre plus profond qu'il n'en a l'air, *Les mouvements de mode expliqués aux parents*, Obalk *et al.* (1984), présentent la stratégie des *New-Wave hard* :

1 / Dans un souci de contestation, Pops, Hippies et Babas se refusent à porter la cravate, car ce sont à leurs yeux les signes haïssables de la respectabilité et des ambitions bornées.

2. / Dans un souci de provocation et en réaction contre les Pops, les Hippies et les Babas, les New-Wave hard décident de porte le costume et la cravate, non plus selon la modernité 70 (costume dépareillé, cravate large et colorée, pochettes cool, formes rondes), mais selon l'usage précédant les fantaisies contestataires du Pop : l'âge d'or de la consommation que furent les années 50.

3 / Aux parents, les New-Wave hard s'amusent à faire croire qu'ils sont devenus « convenables », sérieux et raisonnables, bref qu'ils sont des leurs, en empruntant la conception vestimentaire de leur jeunesse. [...]

6 / Renvoyant dos à dos l'insolence des tenues débraillées qu'ils narguent et la rigueur d'une tenue hyperstricte qu'ils font semblant d'adopter comme si ç'avait été la leur, les New-Wave se contraignent à ne jamais décrisper leur simulation, estimant que le gag est d'autant plus drôle qu'on se retient d'en rire.

7 / Hautement pince-sans-rire, cette stratégie permet au New-Wave hard de ne pas choisir entre provocation baba et soumission aux convenances sociales sans pour autant passer pour un tiède... Nous appellerons cette stratégie : *ironie du double exact.*

Il ne s'agit pas seulement pour les New-Wave hard de se distinguer des Babas, des Pops et des Hippies, il s'agit de leur envoyer un message (nous sommes « des tarés totalement soumis au système »), dont les New-Wave hard seraient les seuls à savoir qu'il est à l'opposé de leurs intentions. En d'autres termes, ils envoient à la fois deux messages, l'un vers l'extérieur et l'autre vers l'intérieur de leur groupe. Le problème d'une telle stratégie est qu'elle ne peut pas tenir très longtemps. Sans doute cela est-il vrai de toute mode, mais le problème des New-Wave hard est qu'il est très difficile de suivre si parfaitement une mode vestimentaire tout en tenant secrète l'idée selon laquelle on est en réalité totalement différent de ce que l'on paraît. En effet, à moins d'être un peu schizoïde, la conduite que l'on adopte, soumise au mécanisme de la réduction de la dissonance, finit par l'emporter sur les intentions cachées.

Certes, les mouvements de modes sont souvent très contrôlés. Ils ont des limites non dites, mais pressenties par ceux qui les suivent. Elias (Mennell, 1992) avait remarqué qu'il y avait chez les Hippies une absence de contrôle très contrôlée. Ainsi envoyaient-ils un double message : notre mouvement exprime une très grande liberté, mais pour pouvoir l'exprimer, il faut se régler fortement. Ce deuxième message n'apparaissait évidemment pas à une lecture superficielle. Au fond, les New-Wave, comme les Hippies cherchent à envoyer le même message : « Vous me voyez tel que je suis », mais en cachent un légèrement différent. Le message caché des New Wave est : « Mais je suis à l'opposé de ce que je parais », tandis que celui des Hippies est : « Mais je suis beaucoup plus raisonnable et intégré que je ne le parais. » L'injonction paradoxale prend ici une dimension supplémentaire, dépassant le phénomène de la double contrainte. Rappelons que nous avons commencé, suivant Bateson, à examiner une double contrainte qui oppose une autorité extérieure (souvent les parents) à une autonomie qui se constitue. Puis nous avons vu que l'autorité politique et bureaucratique pouvait se substituer à l'autorité parentale et poser aussi des problèmes qui relèvent de la double contrainte. Ce n'est alors plus d'une confusion entre soumission et autonomie qu'il s'agit que d'une confusion entre règles et autonomie. La situation devient un peu plus complexe lorsque les individus créent eux-mêmes les règles qui les contraignent. C'est ainsi que Dürrenmatt (1990), comme nous l'avons vu plus haut, reproche aux Suisses d'être prisonniers d'eux-mêmes (« chaque prisonnier fait la preuve de sa liberté en étant lui-même son propre gardien »). Ils seraient à la fois libres et prisonniers puisqu'ils s'enferment librement dans leur prison. Ici la double contrainte touche au paradoxe (qui est précisément l'effet recherché par Dürrenmatt). Après tout, chaque fois que des individus suivent les règles qu'ils se sont fixées, chaque fois qu'ils sont fidèles à eux-mêmes, ils « s'emprisonnent ». La double contrainte prend alors un sens très général. Ce que Dürrenmatt veut dire, il me semble, c'est que les Suisses sont excessivement raisonnables, et, sans doute, peu romantiques. On pense à Flaubert qui disait des Suisses qu'ils sont « platement intelligents ».

Avec les mouvements de mode, nous voyons donc la double contrainte s'étendre à des situations nouvelles : l'individu est pris au piège d'un décalage entre l'impression qu'il donne aux autres et celle qu'il se donne à lui-même. Tandis qu'avec la double contrainte *stricto sensu* l'individu ne sait pas s'il est aux commandes de lui-même, avec l'ironie du double exact, et, plus généralement avec la mode, il ne sait plus s'il reste fidèle à lui-même. Dans les deux cas, c'est un mécanisme identitaire qui est mise en évidence. Il y a parfois un équilibre instable, l'individu oscillant d'un côté à l'autre ; il peut chercher à prendre en main son destin de manière excessivement autonome, c'est-à-dire en cherchant à ignorer les systèmes sociaux dans lesquelles il est plongé, ou de manière excessivement soumise, en cherchant à s'ignorer lui-même. La prise de conscience de cette double contrainte peut conduire à diverses tentatives d'évitement, qui peuvent prendre la forme de l'ironie, du dépit, du sentiment d'échec, ou du dégoût de soi, par exemple. De tels sentiments peuvent se fixer dans la représentation de soi, c'est-à-dire dans le contenu de l'identité. Le plus souvent, cependant, la double contrainte paralyse.

III. LA HONTE

> L'estime de soi est d'abord une libération de la honte chronique.
>
> Thomas Scheff, *Microsociology*

Levinas (1982) note de manière très synthétique que la honte se rapporte « à tout ce qu'on voudrait cacher et qu'on ne peut pas enfouir ». Avant lui, les psychanalystes avaient déjà insisté sur les liens entre la honte et l'enfouissement de la sexualité. Williams (1997) va dans le même sens. Il associe la honte à l'expérience de la nudité tout en introduisant une nuance importante : « La source de la honte, dit-il, ne réside pas tellement dans la nudité offerte au regard, mais dans quelque chose dont la nudité [...] est l'expression puissante. » Et de préciser : « L'essence de la honte tient au fait de se sentir exposé en un sens plus général, au fait d'être à son désavantage, à ce que je désignerai d'une expression très large : une perte de pouvoir » (p. 224). La honte n'est pas nécessairement liée au fait d'être vu, mais au fait qu'on imagine être vu (ou découvert) par un observateur auquel on attribue en quelque sorte une vision supérieure des choses. Ce n'est pas en soi le fait que l'observateur supposé soit critique qui est déterminant, c'est l'attribution à l'observateur d'un point de vue dépréciatif sur soi. La honte se confondant avec son anticipation, elle est entièrement fabriquée par son auteur. Pour reprendre l'expression de Gabriele Taylor (1985), c'est « l'émotion de l'autopunition ».

Gaulejac (1996) s'oriente dans une direction sociologique en affirmant que la honte est « un sentiment moral, c'est-à-dire un sentiment qui concerne la conduite avec les autres ». Gaulejac (1988) insiste sur le fait que la honte a toujours des racines sociales, qu'elle « est liée à la place que l'on occupe dans une communauté sociale où il existe des dominants et des dominés ». Il mentionne le cas de la romancière Annie Ernaux dont les parents sont de petits commerçants. Elle insiste elle-même sur le fait que son ascension sociale, due à ses études supérieures, s'est accompagnée d'un rejet de ses parents « boutiquiers minables ».

> Chez A. Ernaux, la honte des origines est très présente. Elle est liée à des épisodes précis de son enfance où elle s'est sentie humiliée en public. Elle explique combien elle se sentait mal à l'aise à ce moment-là d'avoir à montrer ses parents à des gens dont elle savait très bien qu'ils les méprisaient. En même temps, c'était une consécration pour elle. Il y avait une contradiction de fond : plus elle réussissait, plus elle s'exposait à l'humiliation (Gaulejac, 1998:74).

Dans son autobiographie *(La place)*, Annie Ernaux dit la honte qu'elle a de son père, qui avait une instruction assez rudimentaire :

> La peur d'être *déplacé*, d'avoir honte. Un jour il est monté par erreur en première avec un billet de seconde. Le contrôleur lui a fait payer le supplément. Autre souvenir de honte : chez le notaire il a dû écrire le premier "lu et approuvé", il ne savait pas comment orthographier, il a choisi "à prouver". Gêne, obsession de cette faute, sur la route du retour. L'ombre de l'indignité (p. 53).

Ce sentiment était entretenu par sa mère, qui disait de son mari : « C'est un homme de la campagne, que voulez-vous ! » Il n'est pas douteux que la honte est ici liée à la conscience d'un décalage social :

> Devant les personnes qu'il jugeait importantes, il avait une raideur timide, ne posant jamais aucune question. Bref, se comportant avec intelligence. Celle-ci consistait à percevoir

notre infériorité et à la refuser en la cachant du mieux possible. Toute une soirée à se demander ce que la directrice avait bien voulu dire par : "Pour ce rôle, votre petite fille sera en costume de ville." Honte d'ignorer ce que nous aurions forcément su si nous n'avions pas été ce que nous étions, c'est-à-dire inférieurs (p. 54).

Ce malaise, qui conduit à rejeter ses parents et son milieu d'origine, cache aussi sans doute un sentiment d'usurpation de son nouveau milieu social. Il y a là comme un double échec : celui de ses parents et le sien propre. Si en effet la honte d'Annie Ernaux procède d'un décalage social entre elle et son père, elle en prend conscience comme d'une double honte, honte d'elle-même et honte de son père. Quand on n'est pas à sa « vraie » place, les autres ne le sont pas non plus.

Un tel sentiment est sans doute à distinguer du sentiment de sur-rétribution, abondamment étudié par les psychosociologues (cf. Kellerhals *et al.*, 1988) : on occupe une position supérieure à celle que l'on estime mériter. La réaction consiste alors le plus souvent à augmenter l'estime que l'on a de soi, parfois à diminuer le mérite des individus auxquels on se compare. Annie Ernaux ne semble pas victime d'un pareil sentiment d'usurpation. Elle ne peut pas s'en sortir simplement en se considérant comme particulièrement douée, voire en exagérant un peu ses propres mérites et qualités. Elle se voit davantage comme dévalorisée socialement que comme sur-rétribuée. Comme elle le dit elle-même, sa honte tient au fait qu'elle n'occupe pas sa vraie place. Ici le décalage social l'emporte largement sur toute autre considération, en particulier sur l'évaluation de la répartition des gratifications entre les individus. La honte d'Annie Ernaux répond d'abord à une dynamique familiale ; c'est sa place dans la famille et la place de sa famille qui est en cause. Nous allons voir maintenant que la honte est un problème plus large, un mécanisme fondamental d'articulation individu-société.

Honte et crainte du rejet

Même si Gaulejac a raison d'insister sur la nature sociale de la honte, quand on va y regarder de près (c'est-à-dire du côté des mécanismes psychologiques) on s'aperçoit que la honte ne se résume pas au seul *décalage* social. Cela apparaît en particulier dans le cas du conformisme, comme le suggère Scheff (1990). Ce dernier observe avec perspicacité que la honte se trouve au cœur de l'influence sociale. Pour étayer cette thèse, revenons à la fameuse expérience de Salomon Asch (1956), qui fait comparer une série de trois lignes à une ligne étalon, comme on le voit ici :

L'expérience est présentée comme une expérience sur la perception visuelle. Il s'agit de dire à quelle ligne sur la gauche (1,2,3) correspond la ligne étalon. Dans le cas ci-dessus, on voit assez clairement que celle-ci correspond à la ligne n° 1. Mais les sujets ne sont pas isolés. Ils sont introduits dans une pièce dans laquelle il y a déjà six ou sept comparses qui sont censés être d'autres sujets participant à cette expérience de perception. Les uns après les autres, ces comparses vont donner la même réponse fausse. Le sujet parle le dernier. Arrive donc le tour du sujet. Que va-t-il dire ? Que va-t-il penser ? Essayons d'imaginer, suivant Jones et Gérard (1967), ce qui se passe dans la tête du sujet, en précisant que pendant les deux premiers essais, les comparses donnaient tous la réponse correcte.

Premier essai : « Voyons c'est facile : La réponse est 3, d'ailleurs tout le monde est d'accord. Vraiment c'est enfantin. »

Deuxième essai : « Évidemment c'est 3. Bon, on est tous d'accord. »

Troisième essai : « Cette fois c'est 1. Quoi ? Qu'a dit le premier ? Il a dit 2 ? Bon, comme original… Quoi ! Le deuxième dit la même chose. Allons bon, que se passe-t-il ici ? Un rassemblement de farfelus… Le suivant dit 2 aussi, et les autres qui sont tous d'accord. C'est à mon tour maintenant. Bah, si je disais 2 comme les autres ? Mais non, sapristi, c'est 1, ou alors je peux aller chez l'opticien. Allez, je vois 1, je dis 1. "Un !" Ca y est, ils me regardent, on dirait que je les amuse. »

Quatrième essai : « Que se passe-t-il de nouveau ? 2 ? Mais c'est 3 ! Et voilà les autres qui disent de nouveau la même chose. Décidément, ça s'aggrave. Que vais-je faire ? Si je dis 3, car c'est 3, il n'y a pas de problème, je ne suis pas aveugle, si je dis 3, de quoi aurais-je l'air ? Ils vont éclater de rire, me prendre pour un idiot. Ils ne peuvent pas tous se tromper. Si au moins l'un d'eux disait 3. Mais non. C'est mon tour. "Deux !" Oui, j'ai dit 2 mais je suis presque certain que c'est 3. Ah, si j'étais tout seul, ce serait beaucoup plus facile. »

On peut comprendre, au vu des délibérations intérieures ci-dessus, que si le sujet se conforme, c'est qu'il craint d'être déconsidéré ou exclu. C'est l'anticipation de l'image que les autres ont de lui qui semble déterminante. Or, cette anticipation, surtout quand elle est négative, est l'ingrédient principal de la honte. Asch mentionne le désir des individus de s'intégrer ; un tel désir, qui correspond à la crainte d'être exclu, peut se ramener à de la honte ou à de la crainte de la honte. Il est assez surprenant, alors qu'on étudie le conformisme de manière systématique au moins depuis le milieu du 20e siècle, qu'on ne fasse que commencer à prendre conscience de ses liens avec la honte. Cela va de pair avec l'occultation généralisée de la honte, sur laquelle nous reviendrons. Il faut rendre hommage à Thomas Scheff d'avoir perçu quelque chose de tellement évident que peu l'avaient vu avant lui.

Mais alors qu'en est-il, dans l'expérience de Asch, des individus qui ne se conforment pas ? Les interrogatoires réalisés après l'expérience montrent que ces sujets ont souffert :

— Je me suis senti comme un sacré imbécile.
— C'était comme si j'étais inadéquat. Ils pensaient que j'avais quelque chose qui ne tournait pas rond.
— J'avais l'impression d'être un malvoyant ou un faible d'esprit.

Ils ont pris conscience de cette inadéquation, voire de leur honte, et pourtant ils ne se sont pas conformés. Dès lors, on peut se demander ce qui, du point de vue de la honte, différencie ces sujets de ceux qui se conforment. À première vue, on pourrait penser que ces non-conformistes ont ressenti la honte moins fortement que les conformistes puisque ces derniers y ont cédé ; cependant on peut aussi penser que les non-conformistes ont éprouvé leur honte très fortement, mais qu'ils ont réussi à la dépasser.

Il apparaît en effet qu'il y a, parmi les conformistes, des sujets qui prennent peu conscience de leur conflit intérieur. Quand Asch demande à un sujet conformiste, après l'expérience, ce qu'il a ressenti, ce dernier répond : « Ressentir, qu'entendez-vous exactement par ressentir… » Un autre affirme : « Je me suis senti tout à fait normal. » Si on suit Asch sur cette piste, on en vient à penser que ce sont ceux qui ont le moins pris conscience de leur honte qui se sont le plus volontiers soumis à la pression du groupe. Ce ne serait donc pas la honte qui susciterait le conformisme, mais bien davantage le fait même qu'elle soit occultée. Prendre conscience de sa honte, c'est en effet prendre conscience d'un échec ; la pratique psychanalytique a bien montré les résistances et les défenses qui s'opposent à une telle prise de conscience. Sans même entrer dans de telles considérations, on peut observer que la prise de conscience d'un échec ne fait pas toujours avancer les choses, elle est souvent contre-adaptative.

La question reste entière de savoir pourquoi certains individus anticipent (et éprouvent) de la honte *et* se conforment (comme dans les délibérations intérieures ci-dessus). On peut imaginer, suivant (Kohlberg *et al.,* 1985) que les individus sont plus ou moins conformistes, et que les moins conformistes ont une plus grande autonomie morale que les autres. Suivant cette hypothèse, on peut penser que ce sont les individus les plus conformistes qui occultent le plus leur honte, qui la perçoivent le moins, et qui, pour cela même, ont le plus de peine à la dépasser. En revanche, les individus les plus autonomes seraient les mieux armés pour résister à la fois à la pression du groupe et à leur propre honte, qu'ils seraient mieux à même de relativiser. Dans cette idée, qu'il faudrait poursuivre, l'autonomie morale serait centrale, tandis que la honte jouerait un rôle moindre dans le conformisme.

On peut voir la timidité et la modestie comme des variantes de la honte (Lewis, 1971). Parmi les autres variantes, nous avons parlé plus haut (à propos de saint Augustin et d'Agripa d'Aubigné) d'humiliation et de mortification, ainsi que, quant à ses manifestations les moins intenses, d'embarras. Par exemple, c'est de honte qu'il s'agit quand Goffmann (1967), dans sa célèbre étude des rituels d'interaction, observe que l'embarras joue un rôle omniprésent dans les rencontres. Même si la question « que suis-je pour l'autre ? » n'est pas toujours présente dans la conscience, elle est en quelque sorte pressentie. L'embarras apparaîtrait avec l'anticipation (y compris la crainte) d'un rejet. On peut aussi être embarrassé de ce que l'autre soit embarrassé, ce qui rejaillit sur ce dernier, etc., de manière circulaire.

Si la honte est liée au rejet, on peut évidemment l'étendre bien au-delà du conformisme et de la rencontre. On peut avoir honte d'avoir de ne pas s'être montré sous son meilleur jour, d'avoir dit une phrase de trop, ou de n'en avoir pas dit assez, ou pas ce qu'il fallait dire, d'avoir mis ses chaussettes à l'envers ou d'être mal coiffé (ou trop bien coiffé). Dans ces situations, le regard de l'autre est toujours présent pour soi. Bien sûr, en étendant ainsi la honte, on la banalise, mais on en garde l'idée essentielle, à savoir l'anticipation du fait que les autres pourraient nous dévaloriser. Notons en passant que ceux qui souhaitent mettre la honte à l'épreuve des faits peuvent bien sûr interroger des individus sur la honte qu'ils ressentent ou sur le sentiment de rejet ou d'échecqu'ils éprouvent dans telle ou telle circonstance. Sans doute faudrait-il ajouter d'autres indicateurs de honte, qu'ils soient physiologiques, comportementaux ou sociaux ; en effet, ce que le sujet en dit, ne résume pas sa honte, ne serait-ce que – comme on l'a vu – parce qu'elle lui échappe largement.

LES AVATARS DE L'IDÉE DE HONTE

On a souvent présenté la société homérique comme une culture de la honte. « Homère décrit l'embarras de Nausicaa à l'idée de parler à son père du désir de se marier, la honte de Pénélope à l'idée d'apparaître devant les prétendants, et la "répugnance" de Thétis "à se mêler aux immortels". De la même façon [...] Ulysse éprouve de l'embarras ou de la honte à l'idée que les Phéniciens pourraient le voir pleurer » (Williams, 1997, p. 110). Quand Ajax excite ses compagnons au combat, il fait appel à la fois au sentiment de honte (les humiliations subies) et à l'honneur. Selon Dodds (1995), la raison pour laquelle la Grèce archaïque est marquée par la honte tient au fait que « le plus grand bien de l'homme homérique n'est pas la jouissance d'une conscience tranquille, c'est la jouissance de la *timê*, de l'estime publique » (p. 28). Il semble cependant que les Grecs avaient eux-mêmes peu théorisé cette question. Par exemple, Aristote ne s'intéresse qu'à l'« excès de honte » qui fait qu'un honnête homme peut, par exemple, se sentir gêné devant l'insistance d'un solliciteur impudent. Plutarque, dans ses *Moralia*, consacre à la honte l'unique étude que nous a laissée l'antiquité. C'est encore d'excès de honte, ou de fausse honte, qu'il s'agit. On ne s'étonnera

103

pas, dans ce contexte, que les Grecs de l'antiquité n'aient pas cherché à clarifier la distinction entre honte et culpabilité. La question de la portée et du sens de la culpabilité, et son évolution historique, en revanche, a donné lieu récemment à un long débat chez les spécialistes (cf. Montandon, 1982 ; Williams, 1997).

La honte est très présente dans les récits arthuriens, aux XIIe et XIIIe siècles (Robreau, 1981). Elle est souvent, comme chez les Grecs, associée au déshonneur, en particulier à l'échec militaire. Elle est certes aussi suscitée par la nudité (la vision des « membres honteux ») ou la sexualité, mais de manière plus générale par la crainte de déchoir. Lancelot est pétrifié lors de sa première rencontre avec Guenièvre. Il est honteux à l'idée de lui être infidèle lorsqu'il fait un don à l'épouse du Sénéchal de Gorre. Il est honteux d'être surpris par ses cousins en flagrant délit de désespoir.

Revenons aux conceptions de la honte. Dans son *Expression des émotions chez l'homme et l'animal*, Darwin (1872) consacre un chapitre à *L'attention de soi – la honte – la timidité – la modestie – le rougissement*. L'essentiel de son attention porte sur le rougissement, qu'il considère comme universel dans l'espèce humaine. Pour Darwin, le rougissement surgit dans des situations de timidité, de honte, ou de modestie, l'ingrédient principal en étant l'attention à soi. « Ce n'est [cependant] pas le fait de s'intéresser à sa propre personne qui déclenche le rougissement, c'est le fait de penser à ce que les autres pensent de soi » (p.325). Il précise plus loin que le rougissement est dû à l'anticipation du regard *dépréciateur* des autres. Même s'il parle aussi de modestie et de timidité, c'est d'abord à la honte que Darwin rattache le rougissement.

McDougall (1908), un des premiers psychosociologues, considère aussi la honte comme un sentiment élémentaire. Il parle de sentiment autoréférentiel *(self-regarding)* et ajoute que « la honte est l'émotion qui a le plus d'importance quant aux conduites sociales » (p. 124). Comme Darwin, il voit la honte comme une émotion « qui constitue une *diminution* aux yeux d'autrui » (je souligne).

Cooley (1922) est sans double le premier grand sociologue à s'intéresser à la honte. Il la voit, ainsi que son opposé, la fierté, comme des sentiments sociaux sur soi *(social self-feelings)*. De tels sentiments (et on peut y ajouter l'envie) sont si importants qu'ils constituent selon Cooley « la principale entreprise de l'imagination tout au long de la vie » (p. 208). Et Cooley de continuer :

> En général, on ne pense pas grand-chose [de ces sentiments sociaux sur soi] tant qu'ils sont modérés et régulièrement gratifiés. Beaucoup d'individus aimables et équilibrés savent à peine que le regard des autres leur importe, et ils nieront, peut-être avec indignation, que c'est une préoccupation importante pour eux. Mais c'est une illusion. Qu'arrive l'échec ou la disgrâce, ils trouvent alors soudain froideur et mépris dans le regard des autres, et ressentent le choc, la peur, le sentiment d'être rejetés. Ils s'aperçoivent qu'ils vivaient sans le savoir dans le regard des autres, un peu comme nous marchons sur la terre sans savoir qu'elle nous porte.

Pour illustrer ces sentiments sociaux sur soi, il recourt à la métaphore d'un miroir, dans lequel on se verrait par les yeux des autres. Cette métaphore montre cependant rapidement ses limites, de l'aveu même de Cooley :

> La honte ou la fierté ne sont pas le simple reflet mécanique de nous-mêmes, mais un sentiment qu'on nous impute, à savoir l'anticipation de notre reflet dans les yeux des autres. En effet, le type d'individu par lequel nous nous voyons, l'importance qu'il a pour nous, fait toute la différence. Nous sommes honteux d'être évasifs en face d'un individu franc, d'être couards en face d'un individu courageux, d'être grossiers en face d'un individu raffiné, etc. Nous anticipons toujours, et en anticipant nous partageons le jugement de l'autre.

Selon Cooley, ces sentiments sur soi règlent de manière continuelle la conduite individuelle, même lorsque nous sommes seuls. Dès lors, une question se pose, que soulève Scheff (1990) : si ces sentiments sont si fréquents, si présents, et si, comme le pense Cooley, nous les éprouvons constamment, comment se fait-il qu'on les ignore presque complètement ? Pour répondre à cette question, il faut tout d'abord observer qu'il y a d'autres sentiments qui restent dans les limbes de la conscience, les psychanalystes le savent bien. Ce qui fait cependant la particularité de ces sentiments cachés que sont la honte et l'envie, c'est qu'ils sont contre-adaptatifs. Les éprouver de manière trop intense conduit à se condamner soi-même en se mettant dans une situation d'échec. Cela apparaît particulièrement dans des cas pathologiques, comme nous le verrons. Si l'on n'est pas capable d'y faire face, il vaut mieux occulter ces sentiments.

Un autre problème est de savoir pourquoi, après McDougall et Cooley, les psychosociologues et les sociologues ont cessé de s'intéresser à la honte, et semblent même en voir oublié l'existence. Il y a là une étonnante lacune de l'histoire intellectuelle, une sorte de lapsus collectif. On aurait attendu que des psychologues tels que James, Dewey, ou Mead, et plus tard Baldwin, en parlent. Tel n'a pas été le cas. Cela est particulièrement étonnant de la part de Mead et de Baldwin, dont toute l'œuvre est basée sur l'idée de l'importance de l'anticipation du point de vue de l'autre dans la construction de soi. Du côté des sociologues, la honte devrait être au centre d'un travail tel que celui de Stark (1976-1987), qui consacre un traité en six volumes au lien social ; or il n'en parle pas. Pourquoi la honte a-t-elle été ainsi « oubliée » ? Cléopâtre Montandon (1982) a une hypothèse. Elle attribue la responsabilité principale de cet oubli à Freud, qui, en insistant sur l'importance de la culpabilité et en faisant de la honte un sentiment archaïque, en aurait diminué l'importance. On peut aussi penser – en tout cas en ce qui concerne Mead et

Baldwin – que le contexte béhavioriste dans lequel ils ont travaillé a orienté leur pensée. Deux problèmes centraux du béhaviorisme, l'un épistémologique, l'autre méthodologique, empêchent de prendre la honte au sérieux. L'épistémologie béhavioriste, tout d'abord, interdit de regarder au fond des choses, interdit de voir ce qu'il y a *dans* l'individu – en particulier les sentiments –, qui est considéré comme « inobservable », seules étant observables les circonstances dans lesquelles se trouve l'individu, et sa réponse comportementale. Méthodologiquement, ensuite, la perspective béhavioriste suggère que tous les concepts psychologiques soient traduits en termes de comportements. Or, la honte ne se laisse pas capter à partir des seuls comportements. Elle ressemble trop, au niveau du comportement, à de la timidité, à de l'inhibition, voire à de la politesse, pour qu'on puisse l'observer directement. On a aujourd'hui heureusement abandonné dans une large mesure le béhaviorisme, bien qu'il en reste des traces importantes en psychologie sociale. Malgré un tel abandon, la problématique de la honte reste encore très marginale.

En dehors du courant sociologique mentionné ci-dessus, la psychanalyse – nous l'avons vu – s'est aussi intéressée à la honte. On peut dire que ces deux courants se sont presque totalement ignorés. On trouve certes des allusions à Erikson dans le travail actuel des sociologues, mais guère plus, et on constate une grande ignorance de la sociologie chez les psychanalystes. Deux exceptions notables, cependant, sont à relever : Vincent de Gaulejac (1996), dont nous avons parlé, qui fait un travail de sociopsychanalyse, et Helen Lynd (1958), qui, dans un livre d'inspiration psychanalytique, mentionne Cooley, et cherche à relier le travail des sociologues – et celui des philosophes – à celui des psychanalystes. Elle montre, en s'appuyant sur des auteurs tels que Dostoïevski, Shakespeare, ou Virginia Woolf, que dans la honte on s'expose à soi-même, et qu'on expose quelqu'un qui n'est pas celui qu'on voudrait être.

HONTE ET CULPABILITÉ

Les ethnologues ont cherché à distinguer les cultures de la honte des cultures de la culpabilité, les sociétés traditionnelles tendant à être réglées par la honte, les sociétés individualistes – ou occidentales – par la culpabilité (Gouldner, 1965). Sans doute la culpabilité est-elle plus moderne que la honte dans la mesure où elle suppose la responsabilité individuelle. La distinction des ethnologues est cependant un peu trop radicale. En effet, comme le font souvent souvent les sociologues, ils sous-estiment la honte individualiste : on ne peut pas dire, en effet, que le conformisme – qu'il soit est généré par la honte ou par l'absence d'autonomie morale – ait disparu en Occident. On peut aussi penser qu'ils surestiment la honte dans les sociétés traditionnelles. Le problème est ici – on l'a entrevu en parlant d'enfants – qu'il faut distinguer la honte du simple sentiment de faire quelque chose de mal ou de la simple crainte d'être puni.

Les psychanalystes ne sont peut-être pas très éloignés des ethnologues en voyant une dimension régressive dans la honte. Le sens commun, comme la psychanalyse, fait de la honte une émotion enfantine. Que ne répète-t-on aux enfants : « Tu devrais avoir honte ! » Si on cherche ainsi à susciter ce sentiment, c'est bien qu'on pense qu'il existe. Mais ici encore, on se trompe dans une large mesure, et sans doute depuis longtemps. En effet, pour que la honte puisse exister dans l'esprit d'un enfant, il faut qu'il puisse anticiper le regard de l'autre. Or, la possibilité d'une telle anticipation n'apparaît que très progressivement chez l'enfant. On se souvient de cette observation de Piaget qui demande à un petit garçon s'il a un frère. L'enfant répond :

— Oui, il s'appelle René.
— Est-ce que René a un frère ?
— Non, répond le garçon.

108

Cette observation, qu'on peut répéter avec des bambins et des petits enfants (jusque vers 4-5 ans, parfois plus), suggère que ceux-ci sont incapables de se situer eux-mêmes par rapport au point de vue d'un autre. Des centaines d'expériences, en particulier dans le domaine du *perspective-taking* (cf. Selman, 1980), attestent des difficultés que l'enfant éprouve à se voir dans le regard des autres. On ne risque donc guère de se tromper en affirmant que la honte avérée n'est pas un sentiment qui a cours dans la petite enfance. Plus exactement, l'enfant ne peut pas concevoir la honte ; la question de savoir ce qu'il peut ressentir est évidemment différente. Il existe sans doute un sentiment qui ressemble à la honte du point de vue de ses manifestations comportementales : par exemple le sentiment de faute accompagné de peur de la sanction (venant d'une autorité supérieure ; cf. Piaget, 1927). Peut-être la peur de *décevoir* cette autorité constitua-t-elle les prémices de la honte.

Cette difficulté qu'a l'enfant à concevoir la honte rappelle l'attitude des Grecs de l'antiquité. Je ne veux pas dire que des sentiments d'adultes – aussi archaïques soient-ils – puissent être identiques à des sentiments d'enfants, mais on peut faire l'hypothèse que la prise de conscience de la notion de honte a rencontré dans l'histoire des obstacles identiques à ceux que cette prise de conscience rencontre chez l'enfant. Notons que c'est là un type d'hypothèse courant chez Piaget, qui fait une analogie entre l'histoire et la psycho-genèse de certaines notions (géométriques, mathématiques, morales). Le fait qu'Aristote ou Plutarque ne conçoivent de la honte que le sentiment qu'ils peuvent éprouver devant un solliciteur impudent nous met la puce à l'oreille. Il s'agit là en effet d'une honte bien particulière : une honte par identification. C'est parce qu'on se met *à la place* du solliciteur qu'on a honte ; c'est donc, littéralement, une honte empruntée. C'est la honte qu'on peut ressentir devant un individu dont on estime qu'il fait une mauvaise performance ; par exemple, la honte que l'on ressent devant un musicien qui joue mal. Chez les Grecs, le concept de honte se limite donc au fait d'avoir honte *pour quelqu'un*. Or, même si un tel concept peut correspondre à un sentiment qu'on peut aujourd'hui encore comprendre et éprouver (Annie Ernaux a honte pour son père), ce concept ne résume pas la totalité de la honte. Les penseurs grecs ne voyaient pas qu'ils avaient aussi honte d'eux-mêmes, qu'ils craignaient eux-mêmes de se trouver dans la situation du solliciteur, et, plus généralement, dans une situation socialement dévalorisée. Suivant le raisonnement de Piaget, on peut penser que ce défaut de vision de soi tient à la difficulté d'anticiper le point de vue d'un autre sur soi, de se situer dans le regard des autres (Moessinger, 1989). Ce que l'étude psychologique du changement de perspective *(perspective-talking)* nous montre aussi, c'est que la capacité à anticiper le point de vue d'un autre va de pair avec la connaissance de soi.

Certes, comme on l'a relevé plus haut, Williams note avec perspicacité que les Grecs accordent beaucoup d'importance à l'estime publique. On pourrait alors imaginer, dans une première réaction, que cette attitude procède d'une crainte plus ou moins consciente de la honte. Cette importance accordée à l'estime publique ressemble en effet à du conformisme. Cependant, comme nous l'avons vu avec l'expérience de Asch, le conformisme correspond aussi à une occultation de la honte. Il est donc tout à fait plausible que les Grecs de l'antiquité aient pu être des conformistes sans éprouver beaucoup de honte, en l'occultant.

Cette discussion, à peine esquissée ici, conduit à penser que l'opposition entre « sociétés de honte » et « sociétés de culpabilité » est exagérée. Sans doute la culpabilité est-elle plus présente dans les sociétés individualistes que dans les sociétés traditionnelles (c'est une vieille histoire, héritée des démocraties grecques, puis du droit romain), mais, surtout, la honte est probablement un sentiment moins archaïque que ce que l'on a pensé. On a un peu rapidement assimilé la honte à un conformisme simplifié, parfois à une soumission non critique, ou à de l'effacement de soi. Si les Grecs ont eu de la peine à concevoir la honte, les anthropologues du xxe siècle l'ont quelque peu simplifiée afin de mieux l'imputer aux individus des sociétés traditionnelles.

HONTE ET CLINIQUE

Dans un livre sur la honte et la névrose, Helen Lewis (1971) fait part de ses observations concernant des discussions entre des patients et leur thérapeute. Elle distingue la honte *reconnue* de la honte *non reconnue*, et cherche à montrer que celle-ci constitue l'essentiel de la honte qui apparaît lors de ces entrevues. C'est aussi cette honte non reconnue qui nous intéresse ici. Lewis la divise en honte *pressentie* et honte *ignorée*.

La honte pressentie s'exprime par le fait que le patient dit se sentir stupide, ridicule, inadéquat, incompétent, pas sûr de lui, vulnérable, etc. Ces qualificatifs sont considérés comme exprimant de la honte dans deux types de circonstances : 1) le patient se pense perçu négativement par les autres (ou se perçoit négativement) ; 2) il change de ton ou de rythme verbal, s'interrompant avec des « euh » ou de longues pauses, baissant la voix (parfois jusqu'à la rendre inaudible) ou le regard, ou encore rougissant. Dans le cadre de ses thérapies, Lewis observe que la honte apparaît quand le patient pense que le thérapeute pose sur lui un regard critique.

La honte ignorée s'avère de manière moins apparente, par des répétitions quelque peu obsessionnelles. Par exemple, un patient répète quelque chose qui lui est arrivé, en se montrant incapable de l'évaluer ou de prendre une décision, comme s'il était pris dans un dilemme. Souvent, le patient reprend une situation dans laquelle il s'est trouvé en état d'infériorité (il a fait une erreur, il a été injustement récompensé, il s'est ridiculisé). Contrairement à la honte pressentie, la honte ignorée ne semble pas s'accompagner d'émotions, ou peut-être le patient cherche-t-il précisément à les éviter par une certaine densité verbale. Dans un ordre de faits moins pathologiques, on peut penser au ressassement d'une scène dans laquelle on s'est trouvé mal à l'aise : on la rejoue, on la corrige, on en anticipe d'autres.

Revenons sur la distinction entre honte et culpabilité. Si la honte renvoie d'abord à soi-même, la culpabilité est une transgression et renvoie au non-respect d'une règle ou d'une limite. La culpabilité résulte d'une faute, et demande réparation ou sanction ; la honte est de l'ordre de l'échec. La culpabilité peut être expiée, tandis que la honte a tendance à s'incruster. Selon Piers et Singer (1953) – qui se situent dans une tradition psychanalytique – la honte s'accompagnerait d'anxiété et d'un sentiment d'abandon, tandis que la culpabilité s'accompagnerait de la peur de la mutilation. Helen Lynd (1958) va dans le même sens, tout en insistant sur le fait que l'important dans la honte n'est pas tant l'abandon que l'incommunicabilité de cet abandon, et, plus généralement, l'incommunicabilité de la honte. Résumant la distinction entre honte et culpabilité, Williams (1997) affirme que la honte se réfère au sentiment d'être vu, la culpabilité au sentiment d'être abandonné. On a honte de se voir (de s'imaginer) dévalorisé sous le regard d'autrui, on se sent coupable quand on entend la voix de son jugement, de sa condamnation. On pourrait encore dire – toujours de manière très laconique – que la honte se rapporte à ce que l'on pense être dans la société, la culpabilité à ce que l'on fait aux autres.

DÉPASSER LA HONTE

Le rougissement de Chantal apparaît donc comme exprimant de la honte. Elle voit dans le regard d'autrui (ici Jean-Marc) la révélation de son désir sexuel (qui se construit en même temps qu'il se révèle). Il faut comprendre qu'elle dévalorise ce désir, aussi cherche-t-elle à se le cacher, mais la présence de Jean-

Marc le fait exister. Comme le dit Sartre (1943:266) : « J'ai honte de moi tel que j'apparais à autrui » (c'est-à-dire tel que *j'imagine* apparaître à autrui). En même temps, Sartre insiste sur le fait qu'« autrui me fait exister ». Une telle affirmation conduit à penser que la honte joue un rôle dans la socialisation de l'individu. Mais quel est ce rôle ? Il ne saurait être entièrement négatif (blocage ou occultation). Sartre affirme que l'autre nous conduit, via notre propre honte, à être ce que nous sommes pour lui. Évoquant une scène où Jean Genet (1949) est surpris en train de voler, Sartre (1952) montre comment Genet devient ce qu'autrui a dit qu'il était. « Il a volé, il est donc voleur... Genet apprend ce qu'il est objectivement » (p. 27). Il dit plus loin que la honte « nous fait tomber dans le monde ».

Il y a cependant bien des manières de tomber. Sartre (1964) donne lui-même une version autobiographique quelque peu différente de celle qui consiste simplement, comme dans le cas de Genet, à se conformer au *dictum* des autres. Dans *Les mots*, il raconte qu'à la demande d'une amie de sa mère, il remplit un questionnaire. A la question : « Quel est votre vœu le plus cher ? », il répond : « Être un soldat et venger les morts. » Madame Picard, après avoir lu les réponses de Jean-Paul, lui fait : « Tu sais, mon petit ami, ce n'est intéressant que lorsqu'on est sincère. » Sartre se rappelle : « Je crus mourir. »

> Je disparus, j'allai grimacer devant une glace. Quand je me les rappelle aujourd'hui, ces grimaces, je comprends qu'elles assuraient ma protection : contre les fulgurantes décharges de la honte, je me défendais par un blocage musculaire, et puis, en portant à l'extrême mon infortune, elles m'en délivraient : je me précipitais dans l'humilité pour esquiver l'humiliation (p. 90-91).

Trois remarques à propos de ce bref extrait. La première – je m'y suis déjà arrêté – est qu'il faut se méfier de la honte enfantine, ou plutôt qu'il faut distinguer la honte enfantine, qui est très imprégnée de soumission, de la honte adulte, qui est de l'ordre de l'échec social. La honte de l'enfant commence par ne s'exprimer que par rapport aux adultes importants pour lui, bien avant qu'il ne commence à ressentir de la honte vis-à-vis d'égaux. Sartre projette sans doute une honte d'adulte sur l'enfant qu'il était. La deuxième remarque concerne les grimaces, et renvoie aux travaux d'Ekman et Friesen (1982) sur les « sourires de détresse ». Ces auteurs ont montré que lorsqu'on cherche à cacher une émotion négative, telle que le chagrin et la honte, on ébauche un sourire qui est de l'ordre de la grimace. J'ajoute que selon eux, la plupart des sourires expriment non pas de la joie, mais de la détresse ; une observation fine permet de distinguer de tels sourires d'un authentique sourire joyeux. Troisièmement enfin, Sartre voit très justement que l'humilité cherche à cacher la honte. C'est quelque chose que nous avons entrevu plus haut à propos de Saint-Augustin et d'Agrippa d'Aubigné.

Voyons encore comment Sartre fait face à sa honte :

Je m'ôtais les moyens de plaire pour oublier que je les avais eus et que j'en avais mésusé ; le miroir m'était d'un grand secours : je le chargeais de m'apprendre que j'étais un monstre ; s'il y parvenait, mes aigres remords se changeaient en pitié. Mais surtout, l'échec m'ayant découvert ma servilité, je me faisais hideux pour la rendre impossible, pour renier les hommes et pour qu'ils me reniassent (p. 91).

Tout cet effort ne conduit pas à grand-chose cependant :

Le remède était pire que le mal : contre la gloire et le déshonneur, j'avais tenté de me réfugier dans ma vérité solitaire, mais je n'avais pas de vérité : je ne trouvais en moi qu'une fadeur étonnée (p. 91).

Et plus loin :

Voyageur clandestin, je m'étais endormi sur la banquette et le contrôleur me secouait. "Votre billet !" Il me fallait reconnaître que je n'en avais pas... Loin de contester l'autorité du contrôleur, je protestais hautement de mon respect pour ses fonctions et je me soumettais d'avance à sa décision. A ce point extrême de l'humilité, je ne pouvais plus me sauver qu'en renversant la situation : je révélais donc que des raisons importantes et secrètes m'appelaient à Dijon, qui intéressaient la France et peut-être l'humanité (p. 92).

Ici s'esquisse déjà une issue à la honte : la fuite dans la fiction. Sartre le dit plus loin : « Tout se passa dans ma tête. Enfant imaginaire, je me défendis par l'imagination. » Il se mit à écrire des histoires, cherchant à combler, comme il le dit, le grand besoin qu'il avait de lui-même. Au même moment, il prend des distances avec sa famille, ne cherchant plus à plaire mais à s'imposer. Ainsi apparaît, brièvement esquissé, un parcours qui ne consiste pas à éviter la honte en se soumettant à l'opinion des autres, mais à la dépasser en se donnant de l'épaisseur. La fadeur que Sartre découvre en lui en s'exposant à Mme Picard le pousse à « naître comme sujet ».

La honte a donc joué chez le jeune Sartre un rôle perturbateur, mais qui l'a finalement fait grandir. Évidemment, une déstabilisation de ce type ne fait pas toujours grandir, et peut conduire, par exemple, à la délinquance, à l'apathie, ou à l'auto-discrimination. Mais cette honte fortement déstabilisatrice ne devrait pas nous faire oublier la honte quotidienne. La vie sociale est en effet tissée de petites hontes passagères, que nous ressassons, anticipons, cherchons à corriger, à compenser ou à dépasser. Ces micro processus façonnent notre identité.

IV. L'ENVIE

> L'envie est la base de la démocratie.
>
> Bertrand Russell, *La conquête du bonheur*

Hésiode (dans le *Théogène*) avait déjà vu ce qui fait le fondement psychologique de l'envie, et qui a été constamment répété par la suite : l'envie est un reproche que l'on se fait à soi-même. Un tel reproche procède d'une comparaison avec un autre dont on considère qu'il a quelque chose de plus que soi, que l'on se reproche de ne pas avoir. On sait aussi depuis longtemps qu'une certaine similitude, ou proximité, entre l'envieux et l'envié facilite l'apparition de ce reproche. Comme le dit Aristote dans la *Rhétorique*, « nous envions de préférence les personnes qui nous sont proches dans le temps, dans l'espace, par l'âge, par la réputation et par la naissance. » Au travers de cette comparaison avec des individus proches, l'envie touche à l'idée que nous nous faisons de nous-mêmes, à ce qui fait notre différence, notre identité, elle nous touche en plein cœur. Alberoni (1995) reprend cette idée de dépassement dans une métaphore autoroutière :

> L'envie surgit quand (…) apparaît une différence inattendue et pourtant possible, imprévue et pourtant prévisible. Je suis soudain, sur l'autoroute, dépassé par une voiture de même cylindrée que la mienne. S'il s'agissait d'une voiture de course, je trouverais la chose naturelle ; si c'était une vielle bagnole soufflante et brinquebalante, je me mettrais à rire. Mais le dépassement me choque s'il est le fait de quelqu'un que je croyais mon égal, et qui se montre supérieur (Alberoni, 1995:71-72).

Ainsi comprise, l'envie est une blessure, elle ne stimule ni celui qui l'éprouve, ni celui qui la suscite. Trevor West (cité par Schoeck, 1995) me semble avoir particulièrement bien rendu l'atmosphère de malaise suscitée par l'envie quand il parle de l'Est-Anglie :

> Les habitants de l'Est-Anglie sont froids et réservés. Jamais je n'avais fait l'expérience d'une telle froideur… Ils vous aideront si vous être dans la détresse, mais ils n'éprouvent aucun plaisir à voir que vous n'êtes pas dans la détresse, que vous vous débrouillez bien. Ils ne viennent pas vers vous en disant : « Bravo ! Ce que vous avez fait là est formidable ! » Ils ne disent jamais cela. La paysan du Suffolk est un des types d'hommes les plus rudes que je connaisse.

Il faut imaginer que ces paysans ressentent de l'envie dès que l'un d'eux réussit quelque chose. On notera que l'ambiance sociale un peu sourde qui émerge de l'interaction entre ces envies non dites est particulièrement pesante. Il y a là un contexte de surveillance mutuelle et de rivalité peu propice aux élans de solidarité et à une socialité romantique. Mais ce qui frappe d'abord, c'est le fait que des gens froids et distants changent subitement lorsque quelqu'un est dans la détresse ; ils vont alors faire preuve de générosité et de dévouement. Cependant, lorsqu'on considère ces conduites à la lumière de l'envie, ils sont limpides. Quand quelqu'un se débrouille bien – ou qu'il dépasse les autres –, il suscite de l'envie, et se heurte donc à un certain rejet, qui se manifeste ici par de la froideur. Mais quand un individu est dans la détresse, l'envie disparaît, et fait place à la sollicitude. Ce n'est pas que les habitants de l'Est-Anglie soient contents des malheurs des autres, c'est plutôt que ces malheurs les libèrent de leur envie. Remarquons que ces paysans constituent une société égalitaire : ils sont égaux dans la pauvreté. Or, comme l'avait déjà remarqué Tocqueville, les hommes supportent d'autant moins l'inégalité qu'elle est faible. C'est bien parce que la société est égalitaire que les hommes sont envieux. En quelque sorte, l'égalité renforce l'indignation des individus devant le bonheur ou le succès des autres.

On pense à Stendhal qui se demandait pourquoi les hommes ne sont pas plus heureux dans le monde moderne. Une première réponse lui est suggérée par Tocqueville : ce ne sont pas les peuples les plus égalitaires qui sont les plus heureux. Dumouchel et Dupuy (1979) suivent Tocqueville quand ils affirment que la froideur est une caractéristique des sociétés égalitaires. On pourrait aussi suggérer que l'admiration-envie, voire l'admiration générée par l'envie, est plutôt une caractéristique des sociétés inégalitaires. Si en effet le rival devient un modèle, c'est parce que la supériorité de l'envié est en quelque sorte inamovible. Ne pouvant faire descendre l'envié de son piédestal, l'envieux l'admire, ce qui le libère d'une envie inutile et souvent délétère. Dans *Le rouge et le noir*, Stendhal montre comment l'admiration de Valenod pour de Rênal s'appuie sur une imitation obsessive, qui, en retour, entretient l'admiration. Notons au passage que l'envie admirative de Valenod est à l'opposé de la froideur. Dans cet ordre d'idées, la thèse de René Girard sur l'imitation-rivalité s'appliquerait davantage aux sociétés inégalitaires qu'aux sociétés égalitaires.

Notons, pour compléter le tableau, que cette sensibilité à l'envie, telle que Trevor West la décèle en Est-Anglie, s'accompagne souvent – suivant un mécanisme élémentaire de régulation sociale – de crainte de susciter l'envie. La raison de cette crainte, selon Freud (1985), est la suivante : « Quiconque possède quelque chose d'à la fois précieux et fragile, redoute l'envie des autres en projetant sur eux l'envie qu'il aurait éprouvée dans la situation inverse » (p. 244). Suivant cette idée, être sensible à l'envie qu'on peut ressentir, c'est du même coup chercher à ne pas en susciter soi-même. Ajoutons cependant que les raisons pour lesquelles on cherche à ne pas susciter l'envie sont aussi à situer dans leur contexte social. La crainte de susciter de l'envie renvoie en effet à la place qu'on occupe dans la société et à l'éventuelle usurpation d'une place trop élevée (comme Annie Ernaux). Or, une telle crainte renvoie à la honte et à l'*hybris* : la différence entre soi et les autres ne nous paraît ni justifiée ni légitime, et notre place est inconfortable. Bref, en rattachant ainsi la crainte de susciter de l'envie à la honte, on en voit bien la dimension de régulation sociale.

LA CRAINTE DE SUSCITER L'ENVIE

Les Grecs de l'antiquité ne cherchaient pas à cacher leur envie. On voit par exemple dans les débats que suscitaient les allocations aux blessés de guerre que celles-ci ne devaient pas dépasser des limites au-delà desquelles elles pouvaient provoquer de l'envie (Walcot, 1978). Dans la mesure où l'envie était moins retenue qu'aujourd'hui, la crainte de susciter ce sentiment l'était moins aussi, et la richesse s'exposait plus volontiers. Aujourd'hui encore, l'envie est moins reconnue comme une force destructrice dans les sociétés traditionnelles que dans les sociétés individualistes, même si elle tend partout à être déniée (Foster, 1962). Nietzsche insiste sur le fait que « le Grec est envieux et il ressent ce caractère non comme un défaut, mais comme le don d'une divinité bienfaisante : quel abîme entre son jugement éthique et le nôtre » (Schoeck, 1995:259). L'envie s'exprimait donc plus fortement qu'aujourd'hui et s'éprouvait plus ouvertement ; mais on ne la reconnaissait pas comme telle. Nietzsche ajoute que le Grec craint l'envie des dieux, et cherche à s'en protéger par des sacrifices. Tout se passe comme si l'envie était d'abord une affaire entre l'homme et la divinité. Nietzsche affirme que cet état d'esprit a dissuadé les hommes de chercher à entrer en compétition avec les dieux et les a conduits à se mesurer aux autres hommes. Il faut alors imaginer des hommes qui s'affrontent sans crainte et sans

119

reproche, dans une sorte de brutalité des rapports sociaux qu'il nous est difficile d'imaginer aujourd'hui. Dans cette hypothèse, ce ne serait que lorsque l'envie fut descendue dans le monde qu'on se serait mis à craindre de la susciter, et qu'on en aurait si remarquablement réprimé les manifestations.

On trouve dans tout le Moyen Age des lois dont le but est de restreindre le luxe des vêtements et de la table ; ce sont les lois somptuaires. On en trouve déjà sous Charlemagne, mais elles n'apparaissent régulièrement qu'à partir de Philippe-le-Hardi. On les trouve en Allemagne et en Angleterre dès le XIVe, en Espagne, Italie, et en Écosse dès le XVe (Gallatin, 1938). Elles ont joué un rôle important à Genève – même si elles n'eurent souvent qu'une efficacité temporaire –, sans doute parce qu'elles faisaient bon ménage avec l'esprit calviniste. S'appuyant sur Paul et Pierre, Calvin recommande aux femmes d'être vêtues simplement ; il s'en prend en particulier à la coiffure (il ne faut pas que les cheveux flottent sur les épaules), aux vêtements tailladés (comme en portent encore les gardes suisses du pape) « qui exigent trop d'étoffe », aux chaînes d'or et d'argent, et à toutes les dorures dans l'habillement. Sont ici mêlées des questions de morale sexuelle – ou de crainte de la séduction de femmes – et de répression du luxe. Mais il n'y a pas que les femmes qui sont visées. Les organisateurs de banquets trop somptueux sont punis, les cortèges de mariage et d'enterrement sont réglementés (ils ne peuvent traverser qu'une petite partie de la ville, à certaines heures, il faut que les habits portés ne soient pas luxueux, et que les individus soient coiffés « selon la Réformation »). Devant des transgressions croissantes, les lois somptuaires furent souvent modifiées. Calvin reconnaissait qu'il était difficile de les faire appliquer. Elles subsistèrent néanmoins jusqu'à la Révolution.

Bien des aspects de la crainte du luxe subsistent aujourd'hui. Sans doute peut-on dire que la société suisse constitue un exemple de nivellement apparent, où les riches, de peur de susciter de l'envie, cherchent à dissimuler leur richesse. Le lien social, qui n'est pas basé sur une identité commune ni sur une attraction réciproque mais sur un commun rejet de l'étranger, est fragilisé lorsque l'étranger cesse de menacer. Le répression de l'envie procède alors d'une crainte de la rupture du lien social, et devient une dimension de la cohésion sociale.

C'est aussi cet état d'auto-répression de l'envie que Dürrenmatt (1990) a résumé en affirmant que les Suisses sont enfermés dans une prison dont ils sont eux-mêmes les geôliers. « Chaque prisonnier fait la preuve de sa liberté en étant lui-même son propre gardien. » Nous avons vu qu'il y a là un contexte de double contrainte, qui n'est pas sans rappeler celle du bureaucrate (qui est libre *à l'intérieur de* la structure bureaucratique). Nous ne sommes pas éloignés non plus de la problématique de l'envie, car si l'envie est un reproche que l'on se fait à soi-même, la crainte de susciter de l'envie est un frein que l'on s'impose à soi-même (comme un geôlier qui s'emprisonne lui-même). On pense à Tocqueville, qui, au retour d'un voyage dans les Alpes, s'exclamait : « Comme c'est étrange, il y a en Suisse plus de liberté dans les lois que dans les mœurs ! » Cette absence de liberté dans les mœurs renvoie à un apparent contrôle social dont les principales dimensions sont le conformisme (et on sait que la honte y joue un rôle) et l'autocensure d'individus (envieux) qui craignent de susciter l'envie.

LA STIMULATION PAR L'ENVIE

Si *éprouver* de l'envie (comme les paysans du Suffolk), et si *craindre d'en susciter* (comme les Suisses) constituent des freins, rien n'exclut que la *crainte d'éprouver* de l'envie – qui naît de la crainte d'être dépassé par un rival – pousse les individus à agir. Il y aurait là une sorte d'action par anticipation. D'après Minsky, on va même parfois jusqu'à s'inventer ce genre de crainte pour se stimuler :

J'essayais de me concentrer sur un problème donné, mais je commençais à en avoir assez et à m'endormir. J'ai alors imaginé qu'un de mes concurrents, le professeur Challenger, allait résoudre ce même problème. L'envie rageuse de priver Challenger de cette réussite m'a permis de travailler encore un moment. Ce qu'il y a de drôle, c'est que ce n'est pas du tout le genre de sujet qui intéresse Challenger (Minsky, 1988:66).

Le fait que Minsky soit obligé de s'inventer de l'envie pour avancer en illustre le rôle stimulant. Le moteur est bien la crainte d'être dépassé, crainte qui se manifeste ici par le désir d'avancer plus vite. Il ne faut pas se leurrer, cependant, sur la nature de ce stimulant qu'est l'envie : c'est d'abord une force « négative ». L'amour-propre déçu, plutôt que de stimuler, conduit souvent celui qui l'éprouve à empêcher l'envié de le dépasser ; il inhibe toute tentative de surmonter l'envie elle-même. En général, l'envieux ne cherche pas tant à obtenir ce que l'autre a que de l'en priver ; l'envie conduit à voir les autres comme des obstacles. Encore une fois, dans le cas de Minsky, c'est l'anticipation de l'envie qui le fait agir ; s'il avait réellement été dépassé par Challenger, il aurait sans doute été moins stimulé. Reste, bien sûr, que l'envie ne saurait se réduire toujours à cette « haine impuissante » dont parle Stendhal, et qu'elle peut parfois stimuler, fouetter, éventuellement conduire à son propre dépassement.

Schoeck, qui ne cherche pas à taire ses engagements idéologiques, insiste sur le rôle stimulant de l'envie, et on ne peut lui donner tout à fait tort sur ce point. Là où il fait œuvre de polémiste, c'est quand il affirme que les idées égalitaristes ont pour seul fondement la crainte de l'envie, envie qu'il considère par ailleurs comme le plus puissant des moteurs économiques. On ne peut pas, par exemple, comme le fait Schoeck, réduire l'aide aux pays sous-développés à la crainte de susciter l'envie. Dire cela, c'est écarter un peu vite la question de la dignité de l'homme, des fondements rationnels de la justice, et c'est oublier que les droits de l'homme reposent non pas tant sur la crainte de l'envie que sur la solidarité de la communauté humaine, sur son partage d'un même destin. Il reste toutefois possible – et cela me paraît particulièrement évidant chez les Grecs de l'antiquité – que le souhait d'équité, dans ses motivations psychologiques, soit lié à la crainte de l'envie (Walcot, 1978).

RÉACTIONS CONTRE L'ÉMINENCE

L'envie conduit aussi à réagir contre l'éminence. Zinoviev mentionne l'envie teintée de mépris qui imprègne la vie soviétique. Sztompka (1993) développe cette idée en parlant d'envie « désintéressée ». Il affirme que l'idéologie communiste installe chez les individus un instinct égalitaire et une haine spontanée des élites. Il appelle « désintéressée » l'envie qui apparaît en dehors de toute compétition, « même si le succès [de l'individu envié] n'affecte pas les propres chances de [celui qui envie] » (p. 247). Notons que cette envie « désintéressée » correspond tout à fait à notre définition de l'envie. Je n'ai nul besoin d'être en compétition avec un autre pour l'envier, il suffit qu'il me dépasse. Ce qui fait la particularité de l'envie dans les systèmes communistes, c'est plutôt sa généralité, et, sans doute, le fait que l'envie méprisante dépasse le cadre des proches. Elle se confond avec le rejet des élites et un rejet de l'éminence.

On pourrait penser que, dans un système démocratique, l'envie est atténuée par le simple fait que l'individu qui se sent « dépassé » (et qui éprouve de l'envie) a davantage de possibilités de réagir. Il se sent moins définitivement condamné à rester là où il est que dans un système totalitaire. La question se pose donc de savoir si c'est bien le même type d'envie qui émerge dans des sociétés aussi différentes qu'une démocratie populaire et une démocratie ouverte. Tout d'abord, aussi différents qu'ils soient, ces deux systèmes – certes pour des raisons différentes – font une place importante à une idéologie égalitariste, ce qui va dans le sens d'un renforcement de l'envie et, sans doute, d'un rejet de l'éminence. Par ailleurs, l'acceptation sociale de l'idée égalitariste – contrastant avec les inégalités que l'envieux peut observer autour de lui – le conforte dans sa conduite, lui donnant de bonnes raisons de s'y tenir. Du point de vue de l'envie, les différences entre les manières d'être envieux dans ces deux systèmes politiques se limitent à des nuances. Comme on l'a vu, l'envie soviétique est teintée de mépris, tandis que l'envie helvétique – comme celle des paysans de l'Est-Anglie – est teintée de froideur. Ce qui paraît plus profond, dans ces deux types d'envie, tient à la duplicité intériorisée par chaque individu. Comme le répètent Zinoviev et Sztompka, dans les systèmes totalitaires, l'affirmation de l'égalité reste au niveau du discours, et chacun le sait. Chacun sait aussi que la plupart des individus sont des profiteurs ou souhaiteraient l'être. Comme dans toutes les bureaucraties, chacun guette les failles du système pour les utiliser, tout en tenant un discours très différent. Dès lors, lorsque quelqu'un réussit, on est d'autant plus envieux qu'on aurait soi-même souhaité la même chose. Dans la mesure où les individus ont les mêmes désirs d'arriver (et par les mêmes moyens), l'envie est plus généralisée, et le cercle des envieux s'étend ainsi à toute la société. C'est donc essentiellement par sa généralité que l'envie dans les systèmes communistes diffère de celle qui se manifeste dans d'autres systèmes politiques. Quand l'envie est plus limitée, qu'elle est davantage fixée sur des individus proches, elle est aussi plus personnelle, et se manifeste davantage par de la froideur.

CHAPITRE IV

Manières d'être au monde : vers une sociopsychologie

> Cette fable montre qu'en toute affaire il faut se garder de la négligence, si l'on veut éviter le chagrin et le danger.
>
> Ésope, *La cigale et les fourmis, VIe siècle avant J.C.*

Le thème de l'identité, parce qu'il chevauche psychologie et sociologie, illustre de manière frappante la réification des frontières entre les deux disciplines. Durkheim (1993) prédisait que la sociologie se prolongerait un jour en une psychologie, mais, ajoutait-il, une psychologie « beaucoup plus concrète et plus complexe que celle des purs psychologues ». On peut dire que, sur ce point, Durkheim s'est trompé. Il n'avait pas prévu non plus que les idées psychologiques se développeraient par entraînement réciproque, dans une sorte de vide sociologique. Face à cette situation, il est vrai, les sociologues sont restés un peu passifs ; ils n'ont que très timidement cherché à aller vers la psychologie. Il en résulte qu'ils attendent encore l'avènement d'une socio– psychologie, c'est-à-dire d'une avancée sociologique vers la psychologie. Rappelons que la psychologie sociale étudie principalement les conduites individuelles dans un environnement social, tandis que la sociopsychologie s'intéresse au fait que les individus agissent *en tant que membres* de systèmes sociaux. La psychologie sociale, ou psychosociologie, est devenue une sous-discipline relativement autonome de la psychologie (dont elle utilise les méthodes), tandis que la sociopsychologie est restée incluse dans la sociologie et n'a pas encore véritablement trouvé son autonomie.

Revenons aux indentifications, c'est-à-dire aux catégories ou aux groupes auxquels on appartient, et dans lesquels on se reconnaît parfois. Nous avons vu qu'il y a des indentifications profondes, centrales, qui sont pourtant peu perceptibles. Nous en avons vu un exemple avec l'identité nationale, dont les caractéristiques échappent largement aux individus. On pourrait citer d'autres exemples : la religion, le sexe, la communauté. L'identification à laquelle nous allons nous intéresser maintenant, à partir d'une perspective sociopsycho–logique, renvoie à l'appartenance à l'Occident. À vrai dire, on ne sait pas s'il faut parler d'identification tant les particularités de cette appartenance nous échappent. Je préférerais parler de manière d'être au monde[7]. On assimile souvent Occident et raison, sans vraiment voir que partout les individus tendent vers la rationalité. Lorsqu'ils s'en écartent, cela est principalement dû à des effets pervers, c'est-à-dire des effets dus à la *composition* d'actions individuelles bien plus qu'à des limitations cognitives individuelles. Ils tendent partout à raisonner au mieux de leurs capacités, et cherchent partout à dépasser ou à contourner les contradictions lorsqu'ils en prennent conscience. La véritable opposition n'est pas tant entre sociétés rationnelles et sociétés irrationnelles, mais plutôt entre sociétés individualistes (au sens de la philosophie sociale), et sociétés traditionnelles ; bien sûr, les frontières entre les deux types de sociétés sont floues et se chevauchent, et chacune a des composantes des deux systèmes. Je ne veux pas ici entrer dans une discussion détaillée de ces deux types de sociétés, ou plutôt de ces deux tendances, je remarquerai simplement que dans les sociétés de type individualiste, l'accent est mis sur l'individu en tant que sujet de droits et de devoirs, sur l'égalitarisme, la responsabilité individuelle, les droits humains, un contrôle démocratique du pouvoir, un débat public ouvert, tandis que dans les sociétés traditionnelles, les individus sont davantage des composantes d'un groupe, le plus souvent d'une famille élargie, souvent hiérarchisée via des relations bien codifiées d'influence et de respect, et, en général, insérée dans une communauté organisée selon des relations d'allégeance. C'est un fait que les sciences et les technologies se sont le mieux développées dans les sociétés les plus individualistes ; il y a sans doute à cela des raisons économiques (développement du capitalisme), sociales (valorisation de la nouveauté), psychologiques (les individus les plus autonomes tendent à être les plus créatifs), parmi d'autres. Suivant Toulmin (1990), plutôt que de dire que les sociétés les plus individualistes sont plus « rationnelles » que les sociétés plus traditionnelles, il vaudrait mieux dire que la rationalité y a mieux réussi, sans doute parce qu'elle repose sur l'individualisme. Inutile de rappeler que des penseurs tels que Friedrich Hayek ou Max Weber ont insisté sur les liens entre individualisme et rationalité, liens pressentis par des philosophes tels que Hume, Locke, Mandeville, Smith, ou Burke, par exemple, même si ces auteurs visent davantage l'individualisme épistémologique que l'individualisme au sens de la philosophie sociale. Rappelons brièvement que du point de vue psychologique et psycho-sociologique, l'individualisme se définit par l'autonomie de l'individu par rapport à son champ social, et du point de vue juridico-politique par l'étendue de la responsabilité individuelle et des droits subjectifs. Inutile de rappeler que les sociétés les plus individualistes sont occidentales, mais il faut noter que la notion de « société occidentale » est plus politique et plus macrosociologique que la notion de « société individualiste ».

Le plus étonnant, – mais peut-être ne faut-il pas s'en étonner – est que les réactions les plus radicales contre la rationalité ont eu lieu dans des sociétés individualistes. On pense au romantisme, qui prit certes des formes multiples, mais qui fut principalement une réaction contre le classicisme, contre les Lumières, contre la rationalisation de la nature, contre l'industrialisation naissante (et la rationalité économique), et contre la démocratie (qui est une forme de rationalité politique). Il faut se souvenir, cependant, que de telles réactions contre la raison ou contre la rationalité ont eu lieu à diverses périodes de l'histoire des sociétés sur la voie de l'individualisme. Même le moyen âge, que les Romantiques ont repeint comme une période irrationnelle pour y puiser de l'inspiration, fut plutôt une période de réactions intermittentes contre la rationalisation du monde, contre les Scolastiques, contre les Maïmonides, contre le rationalisme de Pierre Abélard, de Thomas d'Aquin, d'Averroès, et contre ceux qu'on a appelés les Lumières du moyen âge (les Maîtres de la Faculté des Arts de Paris). Les penseurs du moyen âge faisaient grand cas de la distinction entre la foi et la raison, (avec, en arrière-plan, la question de l'omnipotence de Dieu), ouvrant la voie aux réactions antirationalistes. On trouve des réactions similaires dans l'antiquité grecque, on pense à certains dialogues de Platon qui opposent la force vitale à la loi (dans *Gorgias* par exemple). Pascal Quignard (1995) mentionne le point de vue de Cornélius Fronton, le précepteur de Marc-Aurèle, qui, réagissant contre les Sophistes, qui « enfoncent des portes ouvertes », plaidait pour une meilleure appréhension du monde par des images et des métaphores au détriment des concepts. Certes ces réactions ont pris des formes très différentes, mais ce sont toujours des réactions contre une forme ou une autre de rationalisme, contre la systématisation du savoir, voire contre la pensée.

De telles réactions, très présentes dans les sociétés occidentales, sont quasi absentes des sociétés traditionnelles, où les grands mouvements de remise en question sociale ou culturelle sont le plus souvent des mouvements qui prônent davantage de rationalité ou de démocratie. La différence est si marquante qu'on se demande si ce que j'ai appelé « tendances romantiques » ne constituent pas la caractéristique identitaire essentielle des sociétés de type occidental. Certes, ces tendances s'appuient sur la rationalité, ou plutôt sur ses excès, mais, encore une fois, la rationalité est trop répandue pour en faire une affaire spécifiquement occidentale. Pour dire les choses autrement, les sociétés occidentales seraient à la fois rationnelles et non rationnelles, ou plutôt individualistes à inclinations romantiques, tandis que les sociétés traditionnelles seraient simplement et « platement » rationnelles. Le fait que les sociétés occidentales soient constamment remuées par des réactions contre la rationalité, qui sont comme des contrecoups à des excès, a été relevé par des auteurs tels que Pierre Legendre, Denis de Rougemont, ou Isaiah Berlin, qui ont insisté sur le fait que le romantisme (au sens large) est étroitement lié aux sociétés occidentales, tandis qu'Eisenstadt (1982) parle à ce sujet des « antinomies de la modernité ». Quant au mouvement romantique lui-même, inutile de rappeler qu'il est né en Allemagne et en Angleterre, puis s'est étendu en France, pays qui étaient, à l'époque, les plus avancés du point de vue techno-scientifique. Alors que, dans le passé, les réactions romantiques arrivaient par vagues successives, il semble que nous vivons maintenant de plus en plus dans un occident *à la fois* individualiste et romantique.

À cela s'ajoute une autre caractéristique importante de l'Occident, le dualisme. On définit souvent l'Occident par sa culture judéo-chrétienne, et il est certain que cette culture a profondément façonné l'Occident depuis le moyen âge ; cependant, les tendances individualistes sont apparues bien avant le Christ lui-même, à l'époque de la Grèce archaïque ou peut-être avant, et tandis que le futur judaïsme n'était qu'une religion très minoritaire du Proche Orient. On peut donc dire que la culture judéo-chrétienne n'a impressionné que tardivement l'Occident. Ce qu'elle a apporté de plus important, il me semble, est l'ontologie dualiste (il y a deux mondes : un monde réel et un monde transcendant). Encore faut-il remarquer qu'il s'agit d'un apport essentiellement chrétien, et que le dualisme existait déjà dans la pensée philosophique de la Grèce antique, en particulier chez Platon. On peut voir le dualisme comme une sorte d'excès de la raison, où les choses sont non seulement distinguées mais dissociées de leurs propriétés jusqu'à constituer deux mondes séparés, et l'on peut, suivant Denis de Rougemont (1939), insister sur le fait que le dualisme a fait cause commune avec le romantisme.

On me dira peut-être que je fais recours à des notions un peu vagues, et qu'« individualisme » ou « Occident » par exemple, sont des termes un peu flous et difficile à situer. Il est vrai qu'on peut faire remonter les origines de l'individualisme à la Grèce archaïque, comme on peut y voir une conquête récente des sociétés de l'Europe de l'Ouest et de leurs prolongements américains et australasiens. Du point de vue sociologique cependant, les sociétés grecque et romaine restent traditionnelles. Les sociologues s'accordent en général pour voir dans l'industrialisation et dans les mouvements de populations vers les centres urbains qui l'accompagnent, une accélération significative de l'individualisme. Quant à l' « occidentalisation » d'une société, on la mesure en général par l'importance du salariat, le degré d'urbanisation, et la diffusion du mode de vie occidental (Huteau, 1987), diffusion qui inclut celle de l'individualisme, à quoi l'on pourrait ajouter le degré de démocratisation, et d'ouverture du débat public. Il est vrai qu'on parle de « montée de l'individualisme » pour caractériser des sociétés contemporaines, sans qu'on sache très bien de quel individualisme on parle ni comment il monte. Cette centration sur l'individualisme est aussi due au fait qu'on s'intéresse peu aux résistances des sociétés traditionnelles à la modernisation sociale, sans doute parce que ces sociétés sont multiples, variées, et lointaines, et sans doute aussi parce qu'on les considère comme un peu immobiles, voire réactionnaires. A se fixer ainsi sur l'individualisme on en exagère l'importance et la progression, et on oublie à la fois que l'Europe s'individualise depuis au moins deux mille ans et qu'elle garde des caractéristiques traditionnelles importantes.

I. DES FOURMIS ET DES CIGALES

Bernard Suits, dans *The Grasshopper, Game, Life and Utopia*, fait dialoguer la cigale et les fourmis de la fable d'Ésope, qui sera reprise plus tard par La Fontaine. Les fourmis, affectées par la pénible situation financière de la cigale, aimeraient faire quelque chose pour elle. Une des fourmis la fait venir. Dans sa logique de fourmi, il lui apparaît qu'elle pourrait prêter de l'argent à la cigale. En faisant cette proposition, la fourmi se sent altruiste, elle est emportée par un sentiment de générosité. La cigale lui oppose cependant un net refus. Devant la perplexité de la fourmi, la cigale tente d'expliquer son point de vue. Pour dire les choses brièvement, elle ne veut pas d'une vie où il faut travailler et emprunter. Suits insiste sur la difficulté qu'a la cigale à communiquer sa vision du monde dans des termes compréhensibles par la fourmi. En quelque sorte, la cigale est obligée, pour se faire comprendre, d'adopter le langage de la fourmi, et par là même de dénaturer sa pensée. Quoi qu'il en soit, la fourmi ne comprend pas. Elle voit que son amie la cigale va vers de sérieux ennuis, cela elle le comprend. Sa sollicitude ne fait que redoubler. Elle propose même un don à la cigale. La cigale refuse en disant qu'elle est incomprise.

Les manières d'être au monde de la cigale et de la fourmi sont ici radicalement opposées, selon une tradition bien établie. La fourmi adopte une position – disons – individualiste et rationnelle, la cigale vit dans l'intensité de l'instant (en créant et en entretenant cette intensité) ; elle y trouve une force qui donne sens à sa vie, la sort de la monotonie, de toute continuité dans sa manière d'être, continuité qui ne pourrait être que fade et ennuyeuse. Nous avons vu que ces deux tendances sont allées de pair dans l'histoire, nous allons voir que ces deux manières d'être au monde, qu'on a souvent séparées, sont en réalité indissociables. Elle n'oppose pas des individus, elle déchire l'individu.

LA CIGALE NE PASSERA PAS L'HIVER

Rappelons que les postures de cigale et de fourmi, qui renvoient à l'opposition individualisme-romantisme, sont en général vues comme des « pôles » ; ce que l'on dit en parlant de deux pôles, A et B, c'est que plus on est A moins on est B, et que plus on est B moins on est A. Si on accepte cette idée, on ne peut être *à la fois* totalement cigale et totalement fourmi. Dans cette idée, il faut faire l'hypothèse de pôles relativement stables, sans écarter toutefois la possibilité de passer d'une manière d'être au monde à l'autre dans des moments d'hésitation. C'est ainsi qu'une « cigale » pourrait par exemple être obligée de travailler dur ; elle resterait cependant cigale dans sa vision (idéale) du monde et dans ses « résonances » (comme dit Zavalloni) affectives. Elle se comporterait comme une fourmi, mais ne serait pas une fourmi. Idem pour une fourmi, qui pourrait être cigale dans des moments d'excès.

Cette hypothèse des pôles, cependant, n'est pas très convaincante. Elle ne permet pas de rendre compte d'individus qui sont à la fois cigale et fourmi, sauf à considérer qu'ils basculent rapidement d'un pôle à l'autre. L'idée d'un tel basculement, par son côté *ad hoc*, met cependant en cause l'hypothèse même de la bipolarité. Certes, on peut imaginer par exemple le cas d'un homme d'affaires obsessionnellement accumulateur et économe, qui changerait

132

complètement de style de vie en vacances, dépensant alors sans compter, ou le cas un individu qui passerait, dans une même journée, d'une modalité à l'autre, comptant par exemple ses dépenses de manière sourcilleuse le jour, et, le soir, invitant ses amis avec largesse. Mais de telles conduites, plus que des cas de basculement d'un pôle à l'autre, constituent plutôt des cas d'individus qui sont capables de réprimer pendant un temps leur tendance cigale, et accréditent la thèse de la dualité plus que celle de la polarité.

Dans l'hypothèse de la dualité, nous serions avec les individus dans une situation analogue à celle des sociétés : nous avons vu ci-dessus que les sociétés les plus individualistes-rationnelles sont aussi celles qui réagissent le plus contre ces tendances, et qui présentent le plus de caractéristiques opposées, que nous avons appelées « tendances romantiques ». Dans cette hypothèse, donc, les Occidentaux auraient tendance à être individualistes-romantiques, tandis que les autres seraient moins individualistes et moins romantiques. En d'autres termes, les Occidentaux ont davantage tendance à être partagés, à vivre une dualité à l'intérieur d'eux-mêmes que les membres de sociétés traditionnelles, qui sont plus modérément romantico-rationnels et qui fonctionnent davantage sur le mode de la bipolarité. Il faudrait ici introduire des nuances entre sociétés traditionnelles ; il y a par exemple un romantisme japonais, un romantisme chinois, il y a un romantisme amoureux indien (qui apparaît dans les films populaires). Si on allait regarder les choses de plus près, on serait aussi conduit à distinguer des types de romantisme, selon qu'ils s'appuient sur l'honneur ou la bravoure, la nostalgie, ou le sentiment national, par exemple. Quant au romantisme amoureux des films indiens, il rappelle la fascination pour les récits de ces bardes venus des Cornouailles, qui, à partir du 12ème siècle, racontaient des histoires d'amour fou. Si ce romantisme amoureux fascinait tant, c'est précisément parce qu'il était en rupture avec la culture traditionnelle.

Revenons à la différence de logique qui oppose la cigale et les fourmis de Suits, ainsi que l'apparente irréductibilité de ces deux manières d'être au monde, tout en gardant à l'esprit que s'opposent ici des argumentations qui correspondent à des dispositions qui peuvent se trouver à l'intérieur d'un même individu. Les leaders charismatiques, par exemple, illustrent cette dualité. Ces individus savent prendre des risques, ils sont à la fois aventuriers *et* prudents. Je note aussi que les professionnels des sciences de la nature sont plus musiciens que les professionnels des sciences humaines, et qu'ils croient davantage à l'astrologie ainsi qu'à la transmission de pensée ; on peut penser que ces faits sont anecdotiques, mais on peut aussi penser que tout se passe comme si la forte rationalité de leur vie professionnelle les poussait vers des activités ou des attitudes non rationnelles. Gérald Bronner (2013) note que sur des sujets comme les OVNI, la télépathie ou le spiritisme, les cadres supérieurs sont statistiquement plus croyants que les ouvriers ou les agriculteurs. S'il s'agissait d'un simple biais cognitif, d'une erreur de raisonnement, les ouvriers et les agriculteurs en seraient aussi victimes ; il ne s'agit pas pour ces cadres de céder à l'irrationalité, mais plutôt de faire place à quelque chose qui n'est pas guidé par la raison. La dualité macrosociale que nous avons relevée plus haut semble donc se retrouver au niveau des individus. Autre exemple : chacun écoute de la musique, et peut en jouir en dehors de toute forme de pensée articulée. Recevoir de la musique et agir efficacement sont des activités radicalement différentes. Or la musique s'est davantage développée et complexifiée en Occident que dans les sociétés traditionnelles, alors que l'efficacité (qui encore une fois, s'appuie sur l'individualisme) y est particulièrement valorisée. On pourrait aussi citer l'amour-passion, invention de l'Occident, qui va de pair avec l'individualisme mais qui n'a rien à voir avec la rationalité. Certes, il y a aussi, dans les sociétés traditionnelles, quelque chose de passionnel dans le désir sexuel, mais ce quelque chose semble s'éteindre avec lui. Nous touchons ici à quelque chose d'essentiel : l'idée d'un « amour éternel » est typiquement occidentale.

Le livre de Suits (1978), dont nous parlions ci-dessus, nous permet de préciser les manières d'être au monde de la cigale et de la fourmi. La cigale de Suits, suivant des penchants qui sont devenus des principes, continue à ne pas travailler. Elle s'affaiblit. Certaines fourmis qui sont devenues des proches, voire des disciples, s'en inquiètent.

Il devint clair que la cigale ne passerait pas l'hiver. Ses disciples se réunirent autour d'elle, sachant qu'ils risquaient de ne plus la revoir. La plupart d'entre elles s'étaient faites à l'idée de cette mort, mais certaines étaient scandalisées à l'idée qu'une telle chose puisse se passer. Prudence était parmi celles-ci ; elle s'approcha de la cigale avec une dernière demande. Cigale, dit-elle, quelques-unes d'entre nous avons décidé de vous donner de la nourriture jusqu'au printemps. L'été prochain, vous pourrez travailler et nous rembourser.

— Ma chère enfant, répondit la cigale, vous ne comprenez toujours pas. Le fait est que je ne veux pas vous payer. Je ne veux pas travailler du tout.

— Mais, continua Prudence, nous ne vous donnons pas cette nourriture à contrecœur. Si vous voulez, nous ne vous demanderons pas de nous payer. Nous ne sommes pas, après tout, de *véritables* fourmis.

— Non, répondit la cigale, vous n'êtes plus des fourmis. Mais vous n'êtes pas non plus des cigales. Pourquoi devriez-vous me donner les fruits de votre travail ? Certes, voilà qui ne serait pas juste, surtout si je vous dis clairement que je ne vous paierai pas… Cette justice de l'équité dans les échanges n'a rien à voir avec la vie d'une vraie cigale. Mais il y a une autre sorte de justice qui m'empêche d'accepter votre offre. Pourquoi voulez-vous travailler pour que je puisse vivre ? Est-ce parce que ma vie correspond à vos propres aspirations et que vous ne voulez pas que le modèle de vos aspirations périsse ? Votre souhait est compréhensible, même dans une certaine mesure recommandable. Mais, au fond, il est inconséquent et autodestructeur. C'est aussi – j'espère que vous ne vous sentirez pas offensés par mon langage direct – hypocrite.

— Voici des mots bien durs, cigale.

— Mais bien pensés. Ma vie, vous devez le comprendre, n'a rien à voir avec un spectacle forain ; c'est pourtant ce que vous cherchez à en faire. Vous devriez me valoriser parce que vous souhaitez que je sois ce que je suis, et non pas pour pouvoir vous vanter auprès de vos amies les fourmis que vous être l'intime de la cigale, cette bizarrerie de la nature.

— Nous n'avons jamais fait cela, cigale !

— Je vous crois. Mais si vous croyez que votre proposition est bonne, vous auriez tout aussi bien pu le faire. Tout mon enseignement va contre votre suggestion, qui dit que vous devez être oisifs. Maintenant vous allez m'utiliser comme prétexte, non pas seulement pour travailler, mais pour travailler encore plus dur, puisque vous n'auriez pas seulement à vous nourrir, vous, mais moi aussi. J'appelle cela de l'hypocrisie car vous aimeriez vous glorifier de faire quelque chose qui n'est rien d'autre qu'une ruse pour éviter de vivre selon vos idéaux (p. 6-7).

Sa cohérence, la cigale la trouve essentiellement dans une opposition radicale à la logique des fourmis, à la *rationalité* de la fourmi. La cigale est en quelque sorte emportée par sa justification et le besoin de s'opposer aux fourmis. Mais, encore une fois, leur divergence ne concerne que leur argumentation, pas leur manière d'être au monde. La position de la cigale se durcit dans la discussion, elle se radicalise, rendant le compromis plus difficile. Nous ne sommes donc pas dans le cas d'une cigale simplement jouisseuse ; alors que l'obstination devrait être l'apanage des fourmis, la prise de conscience de sa propre position – de la « logique » de cette position – conduit la cigale à une obstination inébranlable. En apparence, la cigale a donc changé du tout au tout. On ne peut pas dire cependant qu'elle ait vraiment changé d'identité puisqu'elle n'a fait que prendre conscience d'elle-même, et de sa situation parmi les autres. Les fourmis ont cependant l'impression que la cigale est entraînée dans sa logique malgré elle :

> Mais sûrement, répliqua Skepticus, vous poussez votre argument à une extrémité peu raisonnable. Vous parlez comme s'il y avait une vie consacrée exclusivement au jeu, ou bien une vie consacrée exclusivement au travail. Mais la plupart d'entre nous réalisons que notre travail n'est valable que parce qu'il nous permet de jouer et nous cherchons une sorte d'équilibre entre le travail et le jeu. Les gens ne sont pas et ne veulent pas être pleinement des cigales ou pleinement des fourmis mais un équilibre entre les deux…

La fourmi Skepticus quitte ici la position idéale-typique des fourmis pour adopter une position mixte – disons de type « occidental » –, affirmant que les fourmis sont en réalité à la fois cigales et fourmis. Mais cette tentative de réconciliation échoue, la cigale campe sur sa position, jusqu'à devenir soupçonneuse. Notons que la cigale, beaucoup plus que les fourmis, se définit en réaction à la position adverse, sans doute parce qu'elle fait partie d'une minorité et qu'elle se pense davantage comme une victime.

Dans les fables d'Esope et de La Fontaine, une vie de labeur est opposée à une vie lascive. Ces deux auteurs condamnent la vie lascive, et on peut dire qu'elle reste condamnée aujourd'hui dans les sociétés occidentales aussi bien que traditionnelles. Partout on ressent comme une injustice le fait que certains individus travaillent dur alors que d'autres, comparables, s'adonnent à leurs plaisirs les plus immédiats (et il y a peut-être dans cette condamnation des éléments d'envie). Saint Paul disait déjà « que celui qui ne travaille pas ne mange pas non plus », et ce n'était pas par manque de charité. L'originalité de La Fontaine, en ne mettant en scène qu'une seule fourmi, est de centrer la fable sur l'opposition individualisme-rationalité *versus* jouissance de la vie.

Cette idée a rencontré une grande résonance dans les sociétés occidentales, en tout cas si on en juge par le nombre d'œuvres qu'elle a inspiré. Ce que les Occidentaux ont peu vu, ou peu théorisé, c'est que ces deux dimensions de la vie se trouve en chacun d'eux, et que cela même constitue la caractéristique identitaire essentielle de l'Occident. Cette opposition, en revanche, fait moins sens dans les sociétés traditionnelles, non pas que la vie lascive n'y soit pas condamnée, mais parce qu'il y a peu de motivation à réussir par soi-même, et peu de valorisation d'une telle entreprise.

LA FOURMI MARGUERITE EST LÀ POUR VOUS AIDER

Un chercheur hollandais s'est demandé si le courrier du cœur de la revue *Margriet* avait beaucoup changé en trente ans. Sa comparaison s'étend de 1938 à 1978 (Brinkgreve, 1982), il s'intéresse aussi bien aux lettres des lectrices (c'est une revue féminine) qu'aux réponses données par la chroniqueuse. Les différences entre le début et la fin de l'enquête sont considérables. Tout d'abord, les préoccupations concernant l'obéissance des enfants et la soumission des femmes chutent considérablement entre les années 50 et 70. Dans les années qui marquent le début de l'enquête, les problèmes évoqués par les lectrices concernent d'évidentes violations de règles, telles que l'adultère, la violence, la toxicomanie. Plus tard, on se plaint de solitude, de malentendus conjugaux, de mésentente. On lit, par exemple : « Mon mari ne me comprend plus », « nous avons toujours été très différents », « nous avons pris des chemins divergents ».

Plus frappante encore est la différence des conseils donnés. Au début, les conseils ressassent des règles fixes, insistant sur ce qui est bien et ce qui est mal. Les mots « faute » et « culpabilité » sont employés souvent. Plus tard, vers les années 60, le ton change, les problèmes sont placés dans une perspective plus sereine, il faut parler de ses problèmes, chercher à comprendre son partenaire. L'idée implicite est alors qu'en discutant honnêtement et ouvertement avec son partenaire, une solution émergera. De tels conseils contrastent avec ceux des années 40 et 50, lorsque les lectrices se voyaient répondre : « Ne cherchez pas à comprendre », « oubliez-le, n'y penser plus », ou « n'en parlez pas, cela va empirer les choses ». A l'époque, on cherchait à résoudre les problèmes en les oubliant, plus tard, on cherchera à les dépasser.

Derrière cette étude se profile toute la question de la société « permissive » (cf. Wouters, 1986 ; Kapteyn, 1985) et, plus généralement, celle de l'individualisme. Elias (1939) avait déjà noté qu'une grande liberté de conduite n'est possible que dans une société dans laquelle les individus ont un fort degré de retenue. Dans cette optique, une plus grande liberté s'accompagnerait d'un plus grand contrôle de soi, et sans doute de nouvelles métarègles (métacode d'étiquette), fixant de nouvelles limites. On peut aussi dire qu'une plus grande liberté s'accompagne d'une autonomie accrue ; qu'en d'autres termes, l'augmentation du nombre de conduites disponibles pour l'individu s'accompagne d'une sélection plus intériorisée de celles-ci.

Quoi qu'il en soit, Brinkgreve relève que les individus sont davantage confrontés à eux-mêmes dans la partie la plus récente de son étude, et qu'il est davantage reconnu qu'ils doivent choisir raisonnablement. Il prend pour exemple une réponse donnée en 1977, dans la rubrique *Marguerite est là pour vous aider,* à une femme qui peine à choisir entre son mari et son amant :

> Que vaut encore votre mariage ? Aimez-vous encore votre mari, oui ou non ? Et réciproquement, est-ce qu'il vous aime encore ? Votre mariage est-il vraiment en ruine, et le divorce n'est-il qu'une question de temps ? Vous devez vous poser ces questions. Vous devez vous soumettre à un examen intérieur, et vous devez impérativement discuter de cela franchement avec votre mari. Cela conduira immanquablement à d'autres

questions : vous dites que le travail de votre mari est sa première préoccupation, mais pourquoi ? Est-ce qu'il manifeste envers vous de l'animosité ? Qu'est-il prêt à sacrifier pour sauver votre mariage ? Pourquoi vous êtes-vous engagée dans cette relation avec votre amant ? L'aimiez-vous ? Ou cherchiez-vous simplement à "punir" votre mari ? Est-ce que vous vous ennuyiez ? Les relations sexuelles avec votre mari étaient-elles satisfaisantes, et comment vous sentez-vous avec votre amant ? Qu'avez-vous vous-même à offrir à votre amant ? Vous sentez-vous coupable de cette relation ? Souhaitez-vous l'épouser simplement vivre avec lui ? Et qu'en est-il des enfants ? Ont-ils quelque chose à dire ? Laisseriez-vous tomber votre amant si votre mari était plus attentif ? Vous devez trouver la réponse à toutes ces questions. Si nécessaire, écrivez-les et traitez-les une à une. Ainsi vous aurez une vision claire de la situation complexe dans laquelle vous vous êtes trouvée imbriquée. Les réponses à ces questions vous fourniront une base pour décider » (p. 54).

Cette lectrice est ainsi confrontée à pas moins de 18 questions, parmi lesquelles certaines devraient être calmement évaluées avec son mari (avec lequel elle ne communique plus), d'autres avec son amant, d'autres encore avec ses enfants. C'est ainsi quelle aura « une base pour décider ». La procédure est un peu lourde. Notons aussi que pour remplir ce questionnaire, elle doit essentiellement se baser sur ses propres sentiments, dont elle doit tenir la « comptabilité ». On comprend que, dans une telle situation, on puisse préférer consulter un chamane ou un astrologue ! Mais ce que nous retiendrons est que ce questionnaire répond à la fois à une demande de rationalisation, de clarification, *et* à un désir d'aller voir les choses en profondeur. Or la captation du ressenti qui est demandée ici (aimez-vous encore votre mari ? comment vous sentez-vous avec votre amant ?) ne répond pas à une approche de type rationnel, mais plutôt de type phénoménologique. Le questionnaire, ainsi que la thérapie sur laquelle il débouche, suppose donc un individu capable de s'autoanalyser selon deux approches radicalement différentes, l'une de type individualiste, l'autre de type romantique.

Contrairement à ce qu'on pourrait penser, les changements observés par Brinkgreve ne se réduisent pas au contexte de l'individualisme. Ce qu'il a mis en évidence est d'abord une nouvelle manière d'aborder les problèmes de l'intimité et d'en parler, et surtout de rationaliser les émotions. Une telle manière d'être et de communiquer repose sur des changements sociaux tels que l'émancipation des femmes, le rééquilibrage du pouvoir entre hommes et femmes, cela dans le cadre de l'importance qu'ont prises les théories psychanalytiques dans la deuxième moitié du XXe siècle. Auparavant, le fait d'être femme et mère pouvait donner à l'identité son contenu principal. Dans les années 70, parallèlement à la revendication d'autonomie, il y a recherche de nouveaux contenus d'identité féminine. L'augmentation des choix (avoir un travail intéressant, maîtriser des techniques, être créative, briller, rester attrayante) conduit à de nouvelles frustrations, qui s'accentuent encore par le fait que certains de ces contenus paraissent vains avant même d'avoir été adoptés. La revendication affirmée d'autonomie l'emporte sue les autres buts, ce qui pose des problèmes nouveaux. Comme le note Gaulejac (1996) : « Il y a beaucoup d'ambiguïté dans la sollicitation à « être soi-même ». Cette invitation contient implicitement un modèle de conduite, un idéal de comportement. Et plus ce modèle est difficile à atteindre, plus on peut stigmatiser ceux qui n'y arrivent pas » (p. 183).

Une telle évolution, qui donne aux femmes (ainsi qu'aux hommes) davantage de maîtrise sur leur vie, leur donne aussi le désir de mieux maîtriser leurs relations affectives. De plus en plus, la formation des couples durables repose sur deux piliers radicalement différents : des décisions individuelles autonomes (et rationnelles) des deux membres du couple, et un double élan amoureux de type romantique. (Dans les sociétés traditionnelles, on comprend mal que les Occidentaux confient une institution aussi importante que la famille à un sentiment aussi fluctuant que la passion amoureuse). Cette évolution a favorisé des relations de couple plus paroxystiques, plus fluctuantes, et sans doute plus intenses qu'avant-guerre, alors que la société était plus traditionnelle. Le problème est qu'on ne peut pas aller à la fois vers une plus grande maîtrise de soi *et* de son environnement.

L'ÉQUILIBRE DU SKIEUR

Dans les sports à risque, les sports de glisse (sur neige, eau, terre) occupent une place à part. Sont ici mêlés la discipline, le plaisir, les sensations, l'esthétique du mouvement. David Le Breton (1995) observe que la glisse dispense une image de jeunesse, de vitalité, d'aisance (que souligne le ralenti des images de la télévision). Ce sont des sports individuels, à la limite du vertige et de l'extase de la chute maîtrisée. Le Breton cite une interview d'un « skieur de l'impossible » :

> Pour moi, dit Jean-Marc Boivin, la notion de risque est prédominante. S'il n'y a aucun risque, ça manque de sel… Je crois qu'il faut qu'il y ait une part d'incertitude… Je n'aime pas être sûr du résultat ni que cela soit cela soit trop bien préparé, que ce soit dans les tentatives de record d'altitude ou de ski extrême. Trop bien connaître le terrain, ce serait trop simple ! Parfois, avant de faire une course difficile, je ne sais absolument pas si je vais y aller ou non. Je décide au dernier moment et je pars un peu sur un coup de tête (p. 51).

On voit bien ici que c'est le risque même qui fait l'intensité de l'aventure, puisqu'en l'absence de risque celle-ci perd beaucoup de son intérêt. Le désir de vaincre une difficulté se confond avec la magnitude du risque. Selon Boivin, il faut mal se préparer pour jouir de manière culminante. Plus loin, il ajoute que dans certains virages, il y a un moment où on ne tient plus que par le planté du bâton, on est suspendu en l'air. Il suffit donc d'avoir à la réception une mince couche de glace cachée par la poudreuse pour que ce soit terminé ! On va en bas directement ! Et pour moi c'est plus stimulant (p. 51).

Il va de soi, cependant, que le but de l'exercice n'est pas d'« aller en bas », mais précisément de faire face au risque par une technique adaptée, c'est-à-dire rationnelle ; et l'efficacité de cette technique sera d'autant mieux mise en évidence que le risque est élevé. Boivin est une sorte d'artiste de cirque, un trapéziste volant ou un funambule.

La culture du risque se développe inégalement selon les sociétés. Selon Ball (1972), la tendance à prendre des risques est liée au sentiment de sécurité. « Là où la somme de dangers affrontés au quotidien par les membres d'une société est minime, le risque est choisi délibérément ; à l'inverse, dans une société où les dangers sont nombreux, l'affrontement au risque est davantage un consentement qu'un choix » (Le Breton, 1995, p. 42). En d'autres termes, un sentiment de sécurité routinière – tel qu'il peut apparaître dans des sociétés rationnelles – conduirait à rechercher des sensations fortes par la prise de risque. C'est un peu l'hypothèse de Mitchell (1993), qui affirme que lorsque « des gens créatifs voient leurs meilleures potentialités étouffées par des structures sociales restrictives, ils cherchent à exprimer ces capacités par d'autres moyens. Certains trouvent leur compte dans la recherche de situations stressantes lors de leurs activités de loisirs » (p. 224). On pourrait ajouter, pour revenir à ce que dit Zinoviev, que d'autres trouvent leur compte dans l'alcool. Quoi qu'il en soit, on retrouve ici cette idée très générale selon laquelle la rationalité et l'ordre s'accompagne de réactions inverses.

LA POURSUITE D'UN BUT

L'enfant a donc donné un <u>coup de pied dans la tour</u> qu'il avait patiemment construite avec des plots. Notons que s'il avait été uniquement rationnel, il aurait momentanément quitté sa tour pour aller manger (tout en ressassant son problème de construction), puis serait peut-être retourné à son activité avant d'aller se coucher en gardant sa tour intacte pour le lendemain, etc. Son coup de pied reflète un conflit intérieur, qui oppose « manger » et « jouer », et qui se trouve par là même supprimé. On se trouve dans une situation paradoxale où un problème est en quelque sorte résolu, ou plutôt supprimé, de manière non rationnelle. Mais il y a plus. Si l'enfant a du plaisir à construire sa tour, une tour terminée met un terme à ce plaisir de jouer. Il serait alors un peu comme un joueur d'échecs qui craindrait de gagner parce que cela mettrait un terme à son plaisir de jouer. Et, bien entendu, dès qu'on craint d'atteindre un but qu'on poursuit, on est poussé à torpiller son action, à se mettre dans une situation d'échec. Dostoïevski, dans ses *Notes d'un souterrain,* a bien vu cette problématique :

> D'accord, l'homme est un animal principalement bâtisseur, condamné à marcher consciemment vers son but, à exercer l'art de l'ingénieur et à se frayer éternellement une voie quelque part... Messieurs, pourquoi se plaît-il aussi passionnément à provoquer la destruction et le chaos ? Dites-le moi un peu ! Au fait, là-dessus je voudrais faire moi-même une ou deux déclarations particulières. Cet amour de la destruction et du chaos (qui le prend parfois, c'est indiscutable, c'est comme ça) ne lui viendrait-il pas de ce qu'il craint instinctivement d'atteindre son but et de parachever l'édifice qu'il est en train de bâtir ? Qu'est-ce que vous en savez ? Peut-être que cet édifice il ne l'aime que de loin, et de près, pas du tout ? Qu'il ne trouve de plaisir qu'à le construire et non à l'habiter, désireux de le mettre ensuite à la disposition des *animaux domestiques,* tel que

fourmis, moutons, et ainsi de suite. Justement les fourmis ont un tout autre goût. Elles possèdent un étonnant édifice du même genre, à jamais inaltérable : la fourmilière (p. 74-75).

Après avoir exprimé son mépris pour les fourmis, Dostoïevski affirme qu'il y a une autre manière d'être au monde, qui lui paraît plus « humaine ». Mais il ajoute aussitôt que l'homme est un être « frivole et disgracieux ». Il entretient donc une certaine ambiguïté sur cette autre manière d'être au monde. On ne peut s'empêcher de penser que ces adjectifs de « frivole » et de « disgracieux » qualifient au fond Dostoïevski lui-même, et particulièrement le joueur qu'il fut, sa fascination pour le risque, en même temps que sa volonté de le maîtriser.

Peu après son mariage, il part pour Homburg où il va jouer à la roulette. Il ne cesse de perdre et de demander de l'argent à sa femme. Dans ses lettres à celle-ci, il se dit persuadé de pouvoir gagner à condition de jouer « raisonnablement », c'est-à-dire à condition de ne pas se laisser prendre pas la passion du jeu et de suivre un système, un algorithme, comme on dirait aujourd'hui. Mais il n'y parvient pas, joue de manière risquée, et pense qu'il perd pour cette raison. Il accuse la fragilité de ses nerfs. A sa femme, il écrit dans un moment d'exaltation :

> Imagine-toi : je commençai à jouer dès le matin, et à midi j'avais perdu seize impériaux. Il me restait douze pièces et quelques thalers. Après le déjeuner, je retournai avec l'intention d'être aussi raisonnable que possible et grâce à Dieu, j'ai retrouvé tout ce que j'avais perdu et cent florins de plus. J'aurais pu en gagner trois cents, car je les ai eus en main, mais je les ai risqués et perdus.
> Écoute maintenant ma conclusion, Ania : quand on est raisonnable, le cœur de marbre, froid et surhumainement prudent, alors on peut à coup sûr, sans l'ombre d'un doute, gagner tout ce qu'on veut (p. 206).

Au fond, pour Dostoïevski, il y a deux manières d'être devant la roulette : une manière prudente, « raisonnable », et une manière risquée, qui est plus « humaine ». Il faut bien voir cependant que la manière « raisonnable » ne relève pas de la rationalité, mais consiste pour Dostoïevski à prendre ses désirs pour des réalités. Cesser de jouer, c'était accepter ce que la vie lui avait imposé ; longtemps il s'y refusera. Autrement dit, il se crée des buts autres que ceux qu'il pourrait atteindre. Dans cette optique, l'idéal est de poursuivre des buts incertains, tels que le gain au jeu, ou de ne pas fixer clairement ses buts, ou encore de les modifier constamment. Dostoïevski poursuivra toute ces stratégies, cherchant toujours à se fuir lui-même, à être là où il n'est pas. On peut y voir une exigence ; sous un autre angle, c'est une conduite d'échec. (Sur la honte « complexe » de Dostoïevski, cf. Tisseron, 1992.) Quoi qu'il en soit, il n'a manqué qu'un peu d'autonomie et de sens des responsabilités à Dostoïevski pour qu'il soit un Occidental « typique ».

L'INTENSITÉ DE LA SOCIALITÉ

Les romans d'Anita Brookner, que François de Singly (1998) a disséqués, mettent aussi en scène des individus qui ont des attitudes très différentes face à la vie, en particulier des manières d'être avec les autres très différentes. Par exemple, dans *Regardez-moi,* une de ses héroïnes ressent dans sa vie une sorte de vide que ne comblent pas ses amis. A défaut d'être regardée, elle se regarde souvent :

> Quand j'ai levé les yeux, j'ai rencontré mon reflet ; petite, menue, indéniablement chic… Quelqu'un, direz-vous, sans désir ni besoin apparent. Bien pourvue. Correctement logée. En excellente santé. Quelqu'un de nullement déclassé. Et sur qui on

peut compter pour ne jamais gêner personne, ni en public, ni en privé. Pour cette raison même, peut-être, sans intérêt aucun.

On retrouve ici une absence de désir d'être reconnu, qui frise la dépression. Mais ce qu'il y a de plus frappant dans les romans d'Anita Brookner, c'est sa façon de mettre en scène des manières antithétiques d'être au monde. Par exemple, dans *La vie quelque part,* Brookner nous fait voir une intellectuelle d'une quarantaine d'années, qui vit seule et qui s'ennuie. Elle vient à Paris étudier à la Bibliothèque nationale. Un jour, visitant Le Louvre, elle s'approche d'un couple de jeunes Anglais qu'elle se met à envier tant ils paraissent heureux :

> Une grande souffrance l'envahit... Il lui apparut, avec une évidence qu'elle n'avait jamais aussi fortement ressentie, qu'elle menait une vie impossible. Elle était enfermée dans une prison, et elle avait ajouté à cette absence de liberté physique une routine aussi contraignante, aussi dépourvue de spontanéité que si elle lui avait été imposée par un Etat policier.

Il apparaît alors que l'autonomie que cette femme a chèrement conquise constitue une sorte de victoire illusoire sur elle-même, s'appuyant peut-être sur des mécanismes de défense qui lui permettent d'éviter de se remettre en question. En sortant du musée, elle croise à nouveau le couple d'Anglais, qui engage la conversation avec elle. La jeune Anglaise lui fait remarquer la beauté de ses cheveux alors que « Ruth avait toujours dénigré sa chevelure, qui lui semblait trop flamboyante pour sa personnalité ». Le couple et Ruth vont dîner ensemble. Hugh décide de s'occuper de Ruth pour qu'elle améliore sa présentation. Il l'envoie chez le coiffeur. Ruth est très heureuse des attentions qui lui sont manifestées. Elle continue à fréquenter le jeune couple, surtout Hugh, avec lequel elle a une liaison. Elle découvre que ce qu'elle a appris dans les livres est trompeur : « Si le code moral inculqué par une littérature qu'elle commençait à remettre en question était fondé, elle aurait dû éclore et s'épanouir depuis longtemps dans son lourd manteau mal coupé et son isolement laborieux… ». On aura observé que Ruth se plaît dans la compagnie du jeune couple, qu'elle est heureuse des attentions qui lui sont accordées, et que tout cela la conduit à prendre conscience qu'elle menait une vie impossible. Quelque chose d'elle-même lui a été occulté qui lui apparaît ; on est bien dans le cadre de la dualité notée plus haut.

Bien que Ruth respire la santé, elle a cependant une sorte de mauvaise conscience. Elle n'arrive pas à accepter son nouveau sentiment de sécurité et de sérénité. Elle pense que c'est l'égoïsme qui l'a « transformée en jeune femme prétendument sûre d'elle et séduisante.[…] Les gens semblaient l'aimer davantage depuis qu'elle était ainsi. Le concierge, dans sa loge, la saluait matin et soir ». Cette constante mauvaise conscience n'est pas vraiment, de la part de Ruth, de la perspicacité. Elle reflète plutôt son incapacité à accepter une partie d'elle-même. Comme le dit de Singly (1988) : « A. Brookner démontre combien l'interprétation de soi par soi-même est nettement insuffisante. » De deux choses l'une : ou Anita Brookner mettait en scène une Ruth qui s'acceptait mieux, ou bien elle faisait ce qu'elle a fait, montrant une Ruth qui retombe dans des traces anciennes. Le fait que cette dernière optique soit effectivement plus littéraire que la première n'est pas ce qui nous intéresse ici. Ce qui est important, dans le cadre de l'identification de ses lecteurs avec ses personnages, c'est qu'Anita Brookner met le doigt sur la dualité de la vie, à la fois solitaire, individualiste, rationnelle, et d'autre part, intense (en tout cas dans l'instant), romantique, partagée avec autrui. Il y a là une thématique qui s'appuie sur la nostalgie et sur la dimension tragique de l'existence, et que l'on retrouve dans une partie importante de la littérature et du cinéma à tendance romantique.

CATÉGORIES SOCIALES ET MANIÈRES D'ÊTRE AU MONDE

On pourrait considérer les caractéristiques cigale-fourmi comme des traits de personnalité, et classer les individus selon ces traits en leur faisant passer des tests. Une telle entreprise ne serait pas absurde, dans la mesure où les manières d'être au monde sont aussi des propriétés individuelles. On pourrait alors relier ces attitudes personnelles à des catégories sociales ou à des groupes. La difficulté serait cependant de faire des parts ou de déterminer des pourcentages pour ces deux tendances étant donné qu'elles interagissent. Comme nous le savons, le même individu peut fonctionner à la fois selon les deux modalités, et ceci d'autant plus qu'il prend une posture extrémiste. Il peut aussi y avoir des basculements tels que les met en scène Anita Brookner. Une autre difficulté tient au fait que les individus prennent peu conscience de cette dualité, d'abord parce qu'elle risque de leur paraître contradictoire et ensuite parce qu'ils sont victimes de la manière selon laquelle ils sont socialement catégorisés. J'ai essayé de montrer ailleurs que les protestants ascétiques des XVIIe et XVIIIe siècles étaient aussi des preneurs de risques ; ils ne se voyaient pas pour autant, il s'en faut, comme des aventuriers. Pour reprendre Suits, ses fourmis compatissent, ce qui n'est pas une conduite typique de fourmi, tandis que la cigale se livre à une justification rigoureuse et détaillée de sa position d'une manière quasi obsessionnelle. Marguerite cherche à faire comme si rien n'échappait à son investigation, mais ses conseils ne sont rationnels et rigoureux qu'en apparence. Les décisions des individus quant à leur couple sont à la fois et rationnelles et romantiques, sans qu'ils soient capables de désimbriquer ces deux aspects. La conclusion de Suits s'impose : les fourmis sont aussi des cigales et la cigale est aussi une fourmi.

Sans doute pourrait-on s'intéresser à d'autres grandes catégories sociales. Nous avons vu le cas de l'identité nationale ;

on aurait pu distinguer les individus selon la religion, les orientations idéologiques, selon les études, la fortune, etc. Ici encore on peut partir des individus, de leurs affirmations (c'est-à-dire de leur « verbiage »), de leur comportement, ou de comparaisons systématiques, et on cherchera à articuler ces indicateurs d'identité. On pourrait aussi retenir la différence entre les hommes et les femmes quant à la manière d'être au monde, mais les généralités qu'on obtiendrait ne seraient intéressantes que dans la mesure où elles permettraient de remonter aux raisons des différences analysées. Pour ce qui est de la distinction hommes-femmes dans sa généralité, malgré la multiplication des *gender studies,* on sait très peu de choses à ce sujet. Sans doute des connaissances anthropologiques et historiques supplémentaires sont-elles nécessaires, dans la voie ouverte par Sarah Blaffer Hrdy (1984) ou par Michel Casenave (1996), par exemple. Une question parmi d'autres : pourquoi, pour les Grecs anciens, « les cultes à mystères, les extases, l'inspiration par les Muses, le culte de Dyonysos étaient-ils du côté des femmes, alors que le *logos* était de celui des hommes » ? (Casenave, 1996, p. 66).Tout se passe comme si, depuis la nuit des temps – Casenave fait remonter ce contraste au Paléolithique –, ce qui concerne l'avenir (protection divine, prédictions, etc.) appartenait plutôt aux femmes, tandis que ce qui est du domaine de la gestion et de l'explication de la réalité, appartenait plutôt aux hommes. Il n'est pas certain, cependant, que les choses se soient passées partout de la même manière, et il est probable que cette question soit trop vague pour être intéressante. C'est pourquoi on s'en tient en général à des études psychologiques, où les individus concernés sont interrogé sur leurs identifications, ou à des études microsociologiques telles que celle de Brinkgreve.

La particularité de cette dualité cigale-fourmi est qu'elle ne semble se superposer à aucune catégorie sociale et ne lier l'identité à aucune place sociale ; pourtant, toute identité sociale est teintée de cette opposition, et ceci davantage dans les sociétés occidentales que dans les sociétés traditionnelles, où elle apparaît plutôt sous forme de polarité. Dans ces sociétés, les grandes oppositions opèrent entre modernité et traditionalisme, encore faut-il observer avec Eisenstadt (1987) que la modernité prend des formes diverses. Sans doute les sociétés traditionnelles s'individualisent-elles, mais du point de vue sociologique c'est un processus très lent, qui, en Europe, rappelons-le, s'est déroulé sur plus de 2 mille ans et qui se poursuit. Le changement le plus visible, avec la plus grande circulation des populations, ce n'est pas tant une hypothétique « marche vers l'individualisme » des sociétés traditionnelles que le fait qu'il y a de plus en plus d'individus occidentalisés dans ces sociétés. Mais leur pouvoir à changer des valeurs sociétales reste limité, surtout dans la mesure où ils continuent d'agir en tant que membres de leur société traditionnelle lorsqu'ils s'y trouvent plongés. Certes, il y a maintenant, par exemple au Japon ou en Chine, des chercheurs, des artistes, ou des entrepreneurs, de culture individualiste, mais ils ont, pour la plupart, été formés en Occident, ou à l'occidentale, et la question de leur assimilation reste posée. Par ailleurs, on ne saurait dire que l'apparition de tels individus annonce un changement social, qu'ils amorcent un mouvement vers l'individualisation de ces sociétés. Vu de l'Occident, on a toujours tendance à penser que tous les pays traditionnels – en particulier ceux qui freinent le pluralisme ou le débat public – sont ou seront bientôt sur la voie de l'occidentalisation, qu'il n'y a pas d'autre issue ; nous y cherchons – et y trouvons – des indicateurs de démocratisation ou d'« individualisation », alors qu'il ne s'agit souvent que des soubresauts dans la modernisation de sociétés traditionnelles. Beaucoup de pays à société traditionnelle se modernisent, voire se démocratisent, sans s'occidentaliser. Le cas paradigmatique est celui de Singapour, pays qui, en 50 ans est passé de l'extrême pauvreté à une confortable opulence de type capitaliste au mépris de la démocratie et des droits humains, et que l'Asie regarde avec envie.

II. MANIÈRES D'ÊTRE AVEC LES AUTRES

La manière d'être avec les autres, dont nous allons parler maintenant, se réfère à l'individu en société, à son mode de socialité, c'est-à-dire à quelque chose qui est au cœur de la personnalité. Nous retiendrons deux manières d'être avec les autres, qui chacune se divise en deux tendances : *la tendance au leadership* d'une part, et *à la soumission* d'autre part, et *l'affirmation* et *le retrait de soi.* Ces dimensions de l'identité, qui concernent ce que Mauss appelait les « catégories de la personne », tendent à accompagner l'individu tout au long de sa vie. Les manières d'être avec les autres se distinguent à la fois des identifications des psychologues et des catégories sociales des sociologues ; elles sont par ailleurs davantage ancrées dans l'identité que les types de présentation de soi en public de Harré (1979) ou les styles d'interaction de Goffman (1974) par exemple.

LES LEADERS ET LES AUTRES

Observant des bambins, Montagner (1978) insiste sur la différence essentielle qui oppose, selon lui, les enfants « leaders » aux autres enfants. Les leaders sont ceux qui conduisent les jeux, entraînant avec eux d'autres enfants. Il observe deux styles de leaders. Il y a ceux – qu'on appelle parfois des *stars* – qui sont accueillants, souriants, qui sont constamment en train d'inventer de nouveaux jeux, et qui sont pour cela même recherchés et suivis par d'autres enfants. Et il y a ceux que Montagner appelle des « dominants-agressifs », qui semblent peu à l'écoute des autres, qui prennent sans demander, et désorganisent les jeux. Si ces enfants sont aussi des leaders, s'ils sont quand même suivis par d'autres, c'est qu'ils exercent sur ceux-ci une certaine contrainte. Ce sont des meneurs plus que des leaders. Les autres enfants, selon Montagner, sont du type « dominés ». Quand ils ne suivent pas un leader, ils tendent spontanément à rester à l'écart des compétitions. Ils imitent davantage qu'ils n'initient de nouveaux jeux.

Howard Gardner (1995), quant à lui, étudie des adultes. Il concentre son étude sur des savants et des hommes politiques, et en fait une sorte de psycho-histoire, s'intéressant à la psychologie d'individus qui ont joué un rôle historique important. Il appelle « leaders » des individus qui ont avec succès « créé une nouvelle histoire » ou un nouveau mythe. Ils ont réussi à créer et à véhiculer du nouveau, une nouvelle vision du monde, de la société, du travail, de la famille, d'un domaine de connaissance, etc. Il distingue le leader « innovateur », qui reprend un thème latent dans la population et lui porte une attention et un éclairage nouveaux, du leader « ordinaire » qui reprend une « histoire » connue en la présentant d'une manière particulièrement efficace. Comme exemples de leaders innovateurs, il mentionne, entre autres, Freud, Einstein, et Picasso dans le domaine de la culture, Jean Monnet et Martin Luther King dans le domaine politique. Quant aux leaders ordinaires, il cite Roger Smith (PDG de General Motors), et les présidents Gerald Ford et Georges Pompidou. Notons que, dans le domaine culturel, les leaders ordinaires passent largement inaperçus.

Je retiens ici la frappante analogie entre les petits leaders de Montagner, qui réussissent à imposer de nouveaux jeux, et les grands leaders innovateurs de Gardner, qui imposent une nouvelle histoire. L'analogie va plus loin encore. Les leaders ordinaires, qui sont peu charismatiques, comme les petits leaders dominants-agressifs, sont suivis tout en suscitant peu d'enthousiasme sur leur passage. Bien entendu, tous les leaders ordinaires ne sont pas agressifs ; ils ont souvent appris à maîtriser leurs sentiments et leur apparence. Parmi les leaders ordinaires étudiés par Gardner, il y en a deux qui portent à l'extrême les caractéristiques du dominant-agressif : Hitler et Staline.

C'est donc à une psycho-histoire du leadership que nous convie Gardner. Son entreprise est riche en détails, en récits, en événements qu'il ne cherche pas seulement à présenter mais aussi à rassembler, à généraliser et à synthétiser. Je retiens – mais c'est peut-être une anecdote – que parmi les grands leaders politiques qu'il a étudiés, la plupart ont un contentieux avec leur père (ce sont surtout des hommes), que celui-ci soit absent, très exigeant, ou violent. Quant aux leaders culturels, Gardner s'étonne de ce que tous ont eu, en tout cas dès l'adolescence, la conscience claire d'une mission importante à accomplir, et n'ont pas hésité, s'il le fallait, à faire les sacrifices nécessaires à la poursuite de cette mission.

On peut penser que les leaders adultes de Gardner furent des enfants leaders tels que les décrit Montagner (mais, bien entendu, tous les leaders enfants ne deviennent pas des leaders au sens que Gardner donne à ce terme). Les pédagogues savent qu'il y a une corrélation positive entre le leadership et la réussite scolaire, qui est sans doute le prélude à des succès ultérieurs. Quant aux « dominés », leur devenir semble peu inscrit dans leur personnalité enfantine, car ils ont tendance à s'affirmer avec l'âge et finissent tout simplement par rejoindre l'immense majorité de la population, composée de non leaders, même s'ils gardent des traces de ces orientations précoces dans leur personnalité sociale. Quoi qu'il en soit, il faut distinguer la tendance au leadership de l'affirmation de soi, dont nous allons parler maintenant, de même qu'il faut distinguer la « soumission » de Montagner, ou plutôt l'absence de leadership, du retrait de soi. L'affirmation de soi peut en effet être égoïste, ou à tout le moins égocentrique, ce qui est beaucoup moins le cas du leadership, tandis que l'absence de leadership n'implique aucunement le retrait de soi.

L'AFFIRMATION ET LE RETRAIT DE SOI

« Tous les individus, affirme Redfield (1957), cherchent le succès reconnu » ; il ajoute que tous fuient l'humiliation. Elster (1986), quant à lui, suggère que tout individu cherche « à réussir son coup » ; mais c'est peut-être Todorov (1995) qui a le plus longuement développé cette thèse, dans un livre assez inattendu de sa part. On peut la résumer ainsi : la principale motivation de l'homme est le désir d'être « reconnu » par autrui. Qu'il s'agisse de gloire, de respect, de célébrité, ce besoin serait l'un des plus puissants ressorts de notre conduite. Todorov a certes raison d'inclure le « regard d'autrui dans la définition même de l'homme », suivant en cela Rousseau ou Adam Smith. Le problème est cependant qu'il est difficile de contredire une telle thèse, ou – ce qui revient au même – qu'il est facile de la protéger contre la contradiction. Todorov protège sa thèse en suggérant, par exemple, que lorsque les individus ne cherchent pas la reconnaissance personnelle, ils cherchent à se rattacher à un groupe social lui-même valorisé et reconnu : « Si je n'ai rien dont je puisse être fier dans ma vie à moi, je m'attache avec d'autant plus d'acharnement à prouver ou à défendre la bonne renommée de ma nation ou de ma famille religieuse. » Il y a sans doute toujours, même chez les individus qui s'affirment peu, un attachement à une communauté dont ils font partie. Il y a aussi, selon Todorov, des « reconnaissances de substitution » par la transgression, qui prennent le contre-pied des règles acceptées. Ainsi, le fanatisme est-il une stratégie de substitution. Bref, il y a tellement de manières de « chercher la reconnaissance » qu'une telle entreprise équivaut à « s'affirmer », voire simplement à « vivre ». Mais si on veut bien prendre le désir de reconnaissance dans un sens plus étroit, force est de reconnaître qu'un tel sentiment a des limites et s'oppose aux sentiments qui le contrarient, tels que la honte, la timidité, le péché de démesure, voire simplement la modestie ou le désir de vivre dans l'ombre et le silence[8].

Il y a aussi des gens qui cherchent à torpiller leur gloire. Rousseau, que Todorov cite quand il mentionne l'importance du regard des autres, me paraît être dans ce cas. Il est certain que Rousseau a été victime, à certaines époques de sa vie en tout cas, d'exclusion politique et sociale. Quelque excessive qu'ait été sa réaction d'isolement à la fin de sa vie, Rousseau ne cherchait plus alors la reconnaissance de ses congénères. Bien sûr, on pourrait dire, dans la ligne de Todorov, que Rousseau cherchait la reconnaissance posthume (ce que, d'ailleurs, il affirmait lui-même avec une feinte mélancolie), mais ce serait encore au prix d'un élargissement de la notion de désir de reconnaissance qui se confondrait alors simplement avec le désir de vivre.

Jean-Paul Sartre

Il reste que les individus ont inégalement tendance à s'affirmer, qu'ils mettent plus ou moins d'énergie et d'obstination à s'imposer. Ces différences individuelles se marquent souvent dans l'enfance déjà. Je suis frappé, en relisant *Les mots* de Sartre, par son extraordinaire et précoce certitude d'abattre tous les obstacles. Cette certitude, au lieu de le dispenser d'agir, lui donne une force considérable. A dix ans, par exemple, il se casse une dent contre un battant de porte :

> Cela m'amusa. Malgré la douleur, j'en ris. Comme Giacometti devait plus tard rire de sa jambe mais pour des raisons diamétralement opposées. Puisque j'avais décidé d'avance que mon histoire aurait un dénouement heureux, l'imprévu ne pouvait être qu'un leurre, la nouveauté qu'une apparence, l'exigence des peuples, en me faisant naître, avait tout réglé : je

vis dans cette dent cassée un signe, une monition obscure que je comprendrais plus tard (p.189).

Pour bien comprendre cet aspect de la personnalité du petit Jean-Paul, il faut savoir qu'il était adulé par sa mère (son père était décédé alors qu'il était un bambin). Son entourage familial s'extasie devant lui :

> Heureusement les applaudissements ne manquent pas : qu'ils écoutent mon babillage ou l'art de la fugue, les adultes ont le même sourire de dégustation malicieuse et de connivence ; cela montre ce que je suis au fond : un bien culturel. La culture m'imprègne et je la rends à la famille par rayonnement, comme les étangs, au soir, rendent la chaleur du jour (p. 35).

Notons que Sartre n'a pas été une vedette parmi les enfants de son âge, il n'a pas été un leader. Il n'attirait pas les regards, il ne dirigeait pas les jeux, il se tenait plutôt à l'écart. Il raconte qu'au lycée, au début, il fut un mauvais élève : « À la première composition, je fus dernier… je fus déconcerté par ces cours *ex cathedra* qui s'adressaient à tous, par la froideur démocratique de la loi. » Pourtant, il n'est pas découragé. « J'étais trop aimé pour me remettre en question : j'admirais de bon cœur mes camarades et je ne les enviais pas : j'aurais mon tour. » Il ajoute, narquois : « À cinquante ans » (p. 179).

À toutes les mères qui admirent leur enfant, les éventuelles difficultés scolaires de celui-ci paraissent résulter d'une injustice. Ainsi, au premier problème, la mère de Sartre se précipite chez son professeur principal : « Elle s'efforça de prouver que je valais mieux que mes devoirs : j'avais appris à lire tout seul, j'écrivais des romans ; à bout d'arguments, elle révéla que j'étais né à dix mois : mieux cuit que les autres, plus doré, plus croustillant pour être resté plus longtemps au four » (p. 179).

Romain Gary

On ne peut s'empêcher ici de penser à Romain Gary (1960). Sa mère aussi lui voue une admiration sans bornes. Un jour, Romain Gary revient du lycée avec un zéro en math.

> Ma mère réfléchit.
> — Ils ne te comprennent pas, dit-elle.
> J'étais assez de son avis. L'obstination avec laquelle mes professeurs de sciences me donnaient des zéros me faisait l'effet d'une ignorance de leur part.
> — Ils le regretteront, dit ma mère. Ils seront confondus. Ton nom sera un gravé en lettres d'or sur les murs du lycée. Je vais aller les voir demain et leur dire...
> Je frémis.
> — Maman, je te le défends ! Tu vas encore me ridiculiser.
> — Je vais leur lire tes derniers poèmes. J'ai été une grande actrice, je sais dire vers. Tu seras d'Annunzio ! Tu seras Victor Hugo, Prix Nobel ! (p. 23).

Dans sa peur d'être ridiculisé se décèle la honte du jeune Romain Gary. Cette honte ne se révèle que vis-à-vis de ses camarades de classe, et pas du tout dans son rapport personnel à sa mère, à laquelle il est très attaché. Il est très sensible (comme Sartre) à l'admiration qu'elle lui porte, sensibilité qui se traduit (comme chez Sartre) par une sorte de fierté et d'assurance quant à son destin :

> Je me savais promis à des sommets vertigineux, d'où j'allais faire pleuvoir sur ma mère mes lauriers, en guise de réparation. [...] Je croyais à une logique secrète et souriante, dissimulée aux recoins les plus ténébreux de la vie. Je croyais à l'honorabilité du monde. Je ne pouvais voir le visage désemparé de ma mère sans sentir grandir dans la poitrine une extraordinaire confiance dans

mon destin. Aux heures les plus dures de la guerre, j'ai toujours fait face au danger avec un sentiment d'invincibilité (p. 48).

Sa mère souhaitait qu'il devienne écrivain et diplomate. Il deviendra, sans qu'il l'ait vraiment voulu, écrivain et diplomate. La volonté de sa mère l'a, en quelque sorte, dépassé.

Bernard Tapie

Ce qui frappe chez Sartre et Gary, c'est que leur remarquable réussite ne semble pas procéder d'une volonté forcenée. Ils ne font qu'apparaître là où il était évident qu'ils devaient apparaître. Ils ont certes une mission à accomplir, mais pas de vengeance à prendre. Le moteur de leur action n'est relayé ni par la honte ni par l'envie. Ils semblent même – mais est-ce une coquetterie ? – déconcertés par leur succès, qu'ils attribuent à leur environnement social. À de telles réussites, qui se fondent sur l'admiration des proches, et dont les protagonistes semblent être autant les victimes que les auteurs, il faut opposer des réussites qui s'appuient sur la volonté de compenser un déficit, sur une énergie alimentée par l'envie, sur une réaction aux « décharges foudroyantes de la honte », et qui s'expriment par une « rage de vaincre ». Dans *Le médianoche amoureux*, Michel Tournier (1989) tente une explication du succès de son père – qui, dit-il « gagnait beaucoup d'argent » – par le rôle de la honte :

> Bien entendu, cette orientation fondamentale a une origine [...] Chez mon père – et sons doute son cas est-il assez commun – c'était, je pense, la blessure morale que lui avait laissée le manque d'argent ; pis que cela : le spectacle humiliant de ses parents se chamaillant autour d'un porte-monnaie vide. Comme bien d'autres, il a été marqué à vie. La haine de la pauvreté

dégradante qu'il avait connue à la maison a fait de lui le redoutable chef d'entreprise qu'il est devenu (p. 134).

Cette analyse rejoint celle que fait Gaulejac (1996) de Bernard Tapie. Nous avons déjà observé, à propos de Minsky et de son envie de <u>dépasser le professeur Challenger</u>, que l'envie peut alimenter l'ambition. Gaulejac remarque, à propos de Tapie, que l'ambition peut aussi constituer un remède à la honte, en permettant une revanche et une revalorisation. Gaulejac note qu'il y a là cependant une réhabilitation fragile, et parle de « contrepoison » à la honte. La carrière de Bernard Tapie (1986), comme celle, semble-t-il, du père de Michel Tournier, s'appuie sur des humiliations et des sentiments de manque. Gaulejac montre que sa volonté de « gagner » s'est construite en réaction à une double humiliation vécue dans son enfance :

> — humiliation de n'avoir pas été un objet d'amour satisfaisant pour son père, d'avoir été en quelque sorte "déchu" dans l'amour paternel ;
> — humiliation d'avoir, du fait de ses origines ouvrières, à supporter le mépris des "nantis" et des situations de pouvoir stigmatisantes (Gaulejac, 1996 : 233).

Tapie décrit son père comme « taciturne, austère, sérieux, peu expansif, silencieux ». Après la naissance de Bernard, le père est resté longtemps absent. « La seule personne dont je voulais être reconnu et aimé, c'était mon père, qui, à chacune des victoires de mon équipe, m'opposait un silence pesant. La seule entreprise qui m'importât, durant toute mon adolescence, était la reconquête du marché paternel. » (De sa mère, il ne dit pas grand-chose.) On ne sait pas si c'est le désir de conquête (de ce qui résiste) ce qui est premier chez Tapie, ou s'il faut chercher une interprétation qui accentue le rôle de son environnement social, comme le fait

160

Gaulejac, dans la tradition psychanalytique. Quoi qu'il en soit, je laisse à Gaulejac le soin de raconter l'histoire de Bernard Tapie :

> L'absence de reconnaissance paternelle est d'autant plus difficile à supporter que son frère, de quatre ans son cadet, est proche de son père et lui ressemble [...] Le sentiment d'être mal-aimé, d'être un "canard sauvage", le conduit à s'identifier à la victime émissaire. Il aurait pu alors sombrer dans la délinquance, la marginalité ou la dépression, s'il n'avait trouvé une autre issue : "Un jour j'ai adopté un renard, on l'a trouvé dans la forêt de Senlis. j'ai appris depuis, je crois que je l'ai lu quelque part, que dans une portée de renards il y a toujours un petit qui est condamné par sa mère. Mystère de la sélection naturelle : à un moment, dans la mare où ils boivent tous, il y en a un qui boit différemment des autres, qui lape comme un chien. Celui-là, elle le tue."
>
> Ce renard, qu'il va élever pendant six ou sept ans, est le double de Bernard Tapie. Lui aussi "boit" différemment des autres, lui aussi semble plutôt rejeté. [...]
>
> Un autre élément vient étayer l'hypothèse d'un lien entre un désir de reconnaissance non satisfait, le sentiment d'être moins aimé que son frère et la volonté d'être le meilleur. Plutôt que de traduire ses insatisfactions en jalousie et en culpabilité, il décide de trouver la satisfaction dans le dépassement de l'autre et la démonstration de sa toute-puissance. Il adopte un comportement "stratégique" qu'il décrit en racontant une fable : "Marianne a deux fille. L'une, Corinne, est vive, remuante, adorable. L'autre s'appelle Jalousie. Un jour... une fée apparaît... Elle est se tourne vers Jalousie : 'J'ai une bonne nouvelle', lui dit-elle. 'Je suis venue exaucer tous tes vœux, tu peux me demander tout ce que tu désires.' Jalousie est ravie. Corinne intervient : 'Et moi, bonne fée ? – Toi, ma chère petite Corinne, je te donnerai le double de ce que je donnerai à ta sœur. Cris de Jalousie qui s'exclame : 'Mais enfin, pourquoi, comment ? C'est inadmissible, c'est injuste !' Et la fée de rétorquer : 'Mais enfin Jalousie, qu'est-ce que cela peut te faire puisque de toute façon,

161

j'exaucerai tous tes vœux ? – Je ne peux accepter que ma sœur air le double de ce que je peux avoir. La fée insiste : 'Écoute Jalousie, tu auras tout ce que tu veux, tu entends ? Tout ce que tu veux !' Jalousie réfléchit, un long silence, et elle demande encore : 'alors, vraiment, ma sœur aura le double de tout ce que j'aurai ? Eh bien, dans ce cas, crève-moi un œil !' "
Fable admirable et terrible, dans laquelle on ressent la force de la jalousie qui devait tenailler le jeune Bernard vis-à-vis de son petit frère, jalousie qu'il a mis toute son énergie à surmonter. On y trouve tous les éléments de la tragédie œdipienne : le désir de prendre la place d'un autre, la toute-puissance du désir qui se heurte à l'inadmissible, au malheur, puis à la punition, l'aveuglement de ceux qui pensent pouvoir réaliser tous leurs désirs… (p. 234-235).

Nous sommes là dans la logique du conflit, où la perte de l'adversaire constitue elle-même un gain. Il ne s'agit pas seulement pour A de gagner ce que B a perdu (somme nulle), il y a encore pour A le plaisir supplémentaire que procure la perte causée à B. C'est aussi la logique de la compensation de l'envie qui vise à dépasser l'autre, quel qu'en soit le prix pour soi. Du point de vue psychologique, un individu envieux n'est pas un maximisateur. En dehors de cette dimension oedipienne de sa « rage de vaincre », Tapie fait aussi ressortir l'importance de la honte. Il est « hors de lui » quand il voit son père s'incliner devant l'autorité ou accepter le jugement de ceux qui savent : « On nous faisait sentir que nous n'étions rien. » On pense à Annie Ernaux. Pour Gaulejac, « c'est [aussi] de la douleur de l'enfant qui voit son père s'humilier face à un agent de police qu'il va puiser sa rage de vaincre » (p. 237).

Bernard Tapie ressemble étrangement aux leaders ordinaires de Gardner. Rappelons que ce ne sont pas des leaders spontanés ; ils le sont devenus à force de volonté, de « rage ». Enfants, ils étaient des dominants-agressifs, pour reprendre les distinctions de Montagner. Comme Tapie, ils ont eu un contentieux avec leur père. On pourrait penser qu'ils ont éprouvé de la honte. C'est en tout cas ce que pense Gaulejac :

> Beaucoup d'hommes de pouvoir ont ainsi bâti leur vie comme une revanche ou une réparation d'humiliations passées. Ils gardent une mémoire sans faille, ils sont fidèles aussi bien dans leurs amitiés que dans leurs rancunes, ils sont sensibles au mépris et cherchent dans le pouvoir un moyen d'échapper au risque d'être humilié et la possibilité d'humilier, à leur tour, tous ceux qui les ont bafoués. Mais en même temps, du moins pour ceux qui réussissent, ce sont des joueurs. Ils ont compris qu'il ne fallait pas être dans ses émotions immédiates, qu'il fallait savoir attendre, qu'il valait mieux ne pas se laisser guider par la honte pour pouvoir lutter efficacement contre l'humiliation. Si la honte est un élément déterminant de leur conduite, le moteur de leur ambition, leur force vient de leur capacité de s'en dégager, de leur capacité de ne pas se laisser prendre dans sa logique (p. 231-232).

On pourrait se demander si ces hommes ont *dépassé* leur honte ou s'ils l'ont *compensée*. L'intérêt qu'ils portent à la « revanche » et à la « possibilité d'humilier » plaide pour une honte qu'ils cherchent à compenser. Mais le fait qu'ils soient des « joueurs », qu'ils ne soient pas « pris dans leur émotions », et le fait qu'ils soient capables de « se dégager » de la honte suggère qu'il y a aussi dépassement.

Emily Dickinson

On ne peut imaginer de contraste plus saisissant entre ces attitudes conquérantes et le cas d'Emily Dickinson. Tout d'abord, c'est une poétesse du XIXe siècle. Une femme de cette époque ne pouvait avoir « d'idée forte ». Dans ses lettres, elle dit qu'elle a trouvé un autre « pouvoir » en tant que femme. Ce pouvoir elle le trouve dans un rejet des hommes (qu'elle qualifie « d'empaillés ». ou « d'emplumés ») et de la littérature masculine, ainsi que dans une sorte d'exaltation de la faiblesse et de la soumission (elle se réfugie dans les « petites choses » – oiseaux, fleurs, abeilles –, déclare son amour d'un « Maître »). Elle se laisse aller à des fantasmes d'amitiés féminines romantiques (Diehl, 1981).

Cette exaltation de la faiblesse et ce rapetissement de soi s'accompagne d'une crainte – sans doute réelle – de décevoir, d'une anxiété, et d'un *pathos* de la « chute ». Elle se réfugie dans sa « destitution somptueuse ». Elle vit seule, chez ses parents ; renonce à l'amour et au mariage ; ne voit personne. Quand quelqu'un sonne, elle court dans sa chambre. Elle ne va à l'église que très tôt le matin pour éviter d'y trouver quelqu'un. Les relations face à face lui posent un problème insurmontable. Elle l'avoue : « A plank in reason, broke. » Quand elle doit recevoir quelqu'un, elle lui parle à travers la porte (parfois entrouverte) de sa chambre. Elle préfère, et de loin, écrire (« We bruise less by writing than by talking »). Elle ne veut plus revoir la femme de son frère, sous prétexte qu'elle l'aime trop. Quand sa mère décède, elle assiste au service funéraire, qui a lieu dans la maison familiale, du haut de l'escalier, à l'abri des regards. « I never had a mother », dira-t-elle. Sa mère, qui avait une santé mentale fragile, était totalement inaccessible à sa fille (Diehl, 1981 ; Bennett, 1990). Dickinson dit qu'elle « chante » parce qu'elle a peur, comme les garçons sifflent en passant près d'un cimetière (« I sing to keep the dark away »), pour conjurer la détresse. Cela paraît bien différent de ces auteurs qui chantent pour se faire entendre. Contrairement à ce que postule Todorov, Dickinson cherche d'abord à ne pas apparaître, à s'effacer. Faut-il rappeler qu'elle n'a pratiquement rien publié de son vivant (elle n'a publié que sept poèmes, la plupart de manière anonyme, et tous « corrigés » par leur éditeur ; Ludwig, 1973), que son œuvre n'était qu'une histoire qu'elle se racontait à elle-même ?

Robert Walser

Je pense à Robert Walser. Il quitte l'école à 14 ans, passe d'un emploi à l'autre, travaillant comme employé de banque, d'assurance, chez un éditeur, et même comme domestique dans une maison de maître. Il mène une vie nomade, quittant son emploi et son lieu de résidence pour écrire, puis, après avoir épuisé ses ressources, cherchant ailleurs un autre travail. Il vit principalement à Bienne – sa ville natale –, à Berne, à Zurich, et à Berlin. A l'âge de 51 ans, il est interné pour schizophrénie, d'abord à l'hôpital psychiatrique de Waldau, puis à l'asile d'Herisau, dans le canton d'Appenzell, où il vivra jusqu'à sa mort, à l'âge de 78 ans.

On le voit dans sa correspondance, Walser se sent toujours déplacé suspect. Peut-être – comme le note Marthe Robert – (1960), est-ce sa position d'autodidacte qui lui donne une « certaine sensibilité au jugement d'autrui ». Chez Walser, cette sensibilité paraît exacerbée ; il faudrait plutôt parler d'un sentiment d'intrusion, voire d'agression. Il ne tolère aucun jugement sur lui, surtout pas un jugement bienveillant ni une admiration sincère.

> Jamais, raconte Carl Seelig, je n'oublierai ce matin d'automne où nous allions à pied de Teufen à Speicher, à travers une brume épaisse comme de l'ouate. Je lui dis ce jour-là que son œuvre littéraire durerait peut-être autant que celle de Gottfried Keller. Il s'arrêta, comme enraciné dans le sol, me regarda de l'air le plus grave et me dit que si je tenais à notre amitié, je ne vienne plus jamais lui faire de tels compliments. Lui, Robert Walser était un zéro et voulait être oublié. (Carl Seelig : *Sur la tombe de Robert Walser, National Zeitung, Basel, 6 janvier 1957).*

On retrouve à peu près les mêmes paroles dans la bouche de Jacob von Gunten, le héros de *L'Institut Benjamenta,* qui met toute son ambition à « briser l'orgueil et l'arrogance », et toute sa fierté à se soumettre. Bien qu'il se sente déplacé, il ne cherche pas pour autant sa place, comme on aurait pu l'imaginer. Il faut comprendre, en effet, qu'il se sent déplacé partout, et que le seul moyen qu'il possède pour faire face à ce malaise est de se retirer du monde. Marthe Robert fait à ce sujet un parallèle avec Heinrich von Kleist. Celui-ci observe vis-à-vis de lui-même la même sévérité et la même distance. Il ya chez les deux auteurs le même déracinement et la même perpétuelle errance ; ils sont tous deux isolés et incompris de leurs contemporains.

> La seule différence tient à la façon dont chacun fait entrer son propre destin dans son œuvre. Si Kleist, en effet, tente d'échapper au sien en imaginant un monde tragique où faute et faillite sont miraculeusement renversées à la fin, Walser compose un poème à la gloire de l'échec pur et simple, de l'échec recherché pour lui-même, gaiement et en quelque sorte sans espoir de compensation et encore moins de récompense (Robert, 1960:15)

Pour Walser, il n'y aura pas de Providence. Tout se passe comme si vivre était déjà un excès, une démesure. Ni Dickinson ni Walser ne cherchent à « réussir leur coup », pas plus qu'ils ne cherchent à s'affirmer. Ils sont à l'opposé de Sartre et de Gary. Ils n'ont pas de destinée. Ils vivent dans le silence A première vue, ils sont encore plus loin de Bernard Tapie. Et cependant il faut noter que si chez Sartre et Gary la honte n'est qu'un obstacle momentané, rapidement dépassé, tel n'est pas le cas de Dickinson, de Walser, ni, pour d'autres raisons, de Tapie. La honte paralyse Dickinson et Walser, stimule le jeune Tapie. Gaulejac remarque très justement que la vie de Tapie aurait pu prendre, dans l'adolescence, une orientation tout à fait différente. On pourrait dire la même chose de Walser, s'il avait été un peu plus soutenu par sa sœur, et de Dickinson, si ses quelques amitiés et ses rares relations amoureuses n'avaient pas tourné court. Il faut observer

166

que les individus marqués par la honte sont particulièrement sensibles aux circonstances, et imprévisibles dans leur développement.

La manière (sociale) d'être de Dickinson et de Walser, faite de retrait, de soumission, de diminution de soi, a évidemment ses limites. Il est difficile de l'appliquer jusqu'au bout en restant *dans* la société. Les cas de ces deux auteurs, qui sont des cas extrêmes, illustrent le fait que les sociétés dans lesquelles ils ont vécu les ont rejetés, ou du moins qu'ils étaient incompatibles avec ces sociétés. Pour survivre, les individus cherchent en général à dépasser leur honte (comme Sartre ou Gary), ou à lui trouver un contrepoids (comme Tapie). Ils peuvent se laisser stimuler par leur envie, ou chercher des stratégies pour la bloquer, mais s'ils y succombent, ils risquent de s'y perdre. Je ne sais pas si tel a été le cas de Dickinson et de Walser. Ce qui me paraît remarquable, c'est que la honte prend chez eux une dimension existentielle, et pas seulement circonstancielle. Reste une différence considérable entre les manières d'être avec les autres de ces deux personnages. Pour dire les choses brièvement, Dickinson est plutôt autiste, Walser plutôt schizophrène. En d'autres termes, chez Dickinson, le thermostat social est hypersensible ; chez Walser, il ne fonctionne plus, ou mal.

Dostoïevski

Si le retrait de soi, comme on l'a vu à propos de Dickinson et de Walser, constitue un appauvrissement de la socialité, le cas de Dostoïevski – ou du moins celui du narrateur des *Notes d'un souterrain* – met en évidence une socialité contradictoire, faite d'élans et de rejets. Certes, il est, comme Dickinson et Walser, une victime de la honte. Mais celle-ci se traduit par un mécanisme d'échec social particulier, que Dostoïevski appelle « débauche » :

Mes débauches se déroulaient dans la solitude, la nuit, en cachette, peureusement, salement, avec un sentiment de honte qui ne me lâchait pas dans les moments les plus abjects où il atteignait même à la malédiction. Déjà à cette époque, mon âme portait en elle un souterrain. J'avais affreusement peur d'être vu, rencontre, reconnu. Les lieux que je fréquentais étaient divers et extrêmement louches (p.92).

Dans ses « débauches », il ressasse des humiliations passées. Parfois, il cherche à compenser une humiliation par une agression (le plus souvent verbale) qui conduit à l'exclure davantage. Par exemple, il se fait un jour inviter chez des anciens camarades d'école qu'il méprise – et qui le méprisent – et leur dit brutalement sa haine. Le fond du problème réside dans le fait que Dostoïevski se sent socialement inférieur à ses amis (qui ont des postes importants dans l'armée et dans l'administration), et intellectuellement supérieur. Il ne parvient pas à articuler ces deux sentiments divergents : il se sent déplacé et ressent tout geste, toute attitude envers lui, comme un rejet. Lors de cette soirée, après avoir insulté ses camarades, Dostoïevski boit en silence, ignoré de tous.

Je vais rester là à boire jusqu'au bout, exprès pour vous marquer que je ne vous reconnais aucune importance… Je vais rester là à boire parce que pour moi, vous n'êtes que des pions sur un échiquier, des pions inexistants.

Il envisage de chanter, puis renonce.

J'ai pris les poses les plus dégagées et attendu avec impatience qu'ils m'adressent la parole *les premiers*. Mais, hélas, ils ne l'ont pas fait. Ah, comme J'aurais souhaité me réconcilier avec eux ! Comme je l'aurais souhaité !

Il y a là deux mouvements contraires, de rejet et de fusion, qui apparaissent comme une perturbation de la socialité. C'est parce que Dostoïevski ne se sent pas à sa place parmi ses camarades qu'il se réfugie dans des attitudes extrêmes ; en réalité, il cherche sa place. Ce qui apparaît cependant, c'est moins cette recherche que son échec. C'est là une constante de ce que Dupuy (1992) appelle la « stratégie du boudeur » :

> Le boudeur souffre de l'indifférence de la société, sa solitude au milieu de l'anonymat général lui est insupportable. Or il se fait croire á lui-même qu'il désire être seul et que c'est la société, jalouse de sa "différence", qui vient le persécuter jusque dans son retranchement. Pour que cette représentation inversée de la réalité ait quelque chance de stabilité, encore faut-il que la société la partage. Le boudeur veut bien être seul et marginal mais à condition que les autres le sachent. Il lui faut donc communiquer sa rupture de communication. Paradoxe étrange qui ne peut se résoudre que dans un acte incompréhensible (p. 228).

Dostoïevski, en communiquant brutalement sa rupture, l'accentue ; mais ce n'était pas le but recherché, qui était de communiquer. On entre dans un cercle qui rappelle un peu la double contrainte. Certes, on n'est pas ici dans un conflit entre règle (ou autorité) et autonomie, comme dans les situations classiques de double contrainte, mais il reste l'aspect logique de la double contrainte, à savoir un indépassable paradoxe. Il reste aussi une perturbation de la responsabilité. En effet, dans la mesure où Dostoïevski cherche à faire autre chose que ce qu'il fait, sa responsabilité pour ce qu'il a fait s'en trouve diminuée.

CONCLUSION

La réalité sociale n'est pas assez
simple et elle est encore trop mal
connue pour pouvoir être anticipée
dans le détail.

Durkheim, *Le suicide*

Si le concept d'identité paraît insaisissable, c'est tout
d'abord parce qu'on ne peut le saisir à un seul niveau. Qu'on
l'étudie au niveau psychologique et on le réduit à des
identifications, des représentations ou des conceptions de soi,
occultant ainsi l'appartenance de l'individu à des systèmes
sociaux. Qu'on l'approche à un niveau plus sociologique et on ne
voit plus son ancrage dans l'individu. Ce problème de niveau, qui
est essentiellement ontologique, est lié à un problème
méthodologique : il est difficile d'atteindre l'identité, elle se cache
derrière des comportements ou des conduites, derrière ce qui est
observable. Cela ne signifie pas qu'elle soit inatteignable, mais il
faut faire des hypothèses qui vont au-delà des observables.

Ce travail de liens micro-macro que j'ai esquissé ici doit
s'accompagner d'une clarification conceptuelle de la notion même
d'identité. Du point de vue psychologique, cette notion se
superpose partiellement à celle de moi (éventuellement de surmoi)
et de personnalité, et renvoie à des identifications, des traits, et à la
signification de ces traits, de ces identifications, et des
appartenances auxquelles elles se rapportent, pour l'individu lui-
même. L'identité unit le tout, et, comme toute totalité, rejaillit sur
ses parties. Par ailleurs ce système identitaire complexe fonctionne
à l'intérieur de systèmes sociaux qui le déterminent (même s'ils
n'atteignent pas toujours sa partie consciente).

Les manières d'être au monde, que je considère ici comme des contenus sociaux profonds de l'identité, ne sont que rarement perturbées suffisamment pour être remises en question. Plus que des idéologies ou des visions du monde, les manières d'être au monde constituent des attitudes fondamentales face à la vie, dont la portée échappe partiellement à l'individu lui-même. C'est ainsi que la manière occidentale d'être au monde privilégie la responsabilité individuelle, l'équité, l'efficacité, la cohérence (y compris celle des finalités) en même temps qu'elle épie la dimension tragique de l'existence, vise l'action pour l'action, le plaisir, les arts, etc. Dans une telle perspective, on est sur terre pour poursuivre des buts, réaliser des projets, s'exposer à des échéances, tout en refusant de leur confier sa vie. La manière traditionnelle d'être au monde privilégie l'intégration dans un groupe, particulièrement la famille, dans laquelle l'individu tend à se fondre, et où la place qu'il occupe dépend essentiellement de la configuration du groupe et de sa structure. Dans un tel contexte, la volonté des individus tend à se niveler, il y a peu d'entreprises individuelles, et les individus ne sont pas emportés par leurs sentiments, leurs désirs ou leur enthousiasme, toutes choses qui tendraient à les écarter de leur groupe. Nous avons vu comment ces postures sont constitutives d'une sorte de méta-identité, incluant les identifications et les catégories sociales qui fixent les statuts et les rôles.

Les contenus identitaires (identifications) plus superficiels se modifient plus facilement. Le mécanisme primordial de changement de ces contenus est la réduction de la dissonance. Si, par exemple, à partir d'une identification en tant que « travailleur actif » un individu passe à une identification en tant que « retraité » , c'est la réduction de la dissonance qui va faire le « travail ». Nous avons longuement insisté sur les mécanismes d'une telle transformation : l'individu est pris au piège de sa propre action (sous la contrainte des circonstances).

La honte et l'envie (y compris la crainte de la susciter) constituent les principaux régulateurs de l'identité. Sans doute la honte est-elle plus centrale que l'envie, et, par cela même, plus difficile à déceler. Aristote avait bien démonté le mécanisme de l'envie, mais n'avait pas vu clairement ce qu'est la honte, ni dans son fonctionnement ni dans sa généralité. Aujourd'hui encore, la honte reste cachée sous des vocables tels que « timidité » ou « complexe d'infériorité », et rares sont les chercheurs qui ont tenté de clarifier cette notion. La honte joue cependant un rôle très important dans la régulation de l'identité, que ce soit sous la forme d'une anticipation et de petites corrections des contenus identitaires, ou suite à de « fulgurantes décharges ». Quant à l'envie, elle nous atteint dans ce que nous aurions aimé être et que nous craignons de ne pas être. Elle guide l'individu par anticipations et par corrections après coup. Ces anticipations peuvent conduire à de la rivalité, à un rejet des autres (froideur, mépris), ou à une fuite. La crainte de susciter l'envie règle aussi, mais de manière essentiellement anticipatoire, la conduite et les identifications de l'individu.

La double contrainte ne constitue pas tant une régulation de l'identité qu'une réaction à un déréglage. Au-delà d'une certaine intensité, la double contrainte empêche l'identité de jouer son rôle de mécanisme de contrôle ou de guidage. Contrairement aux autres mécanismes, la double contrainte n'agit pas directement sur les identifications, même si elle peut aussi constituer une manière d'être dans des situations ambigües (par exemple la bureaucratie). Les individus cherchent alors à développer des stratégies pour s'armer contre la double contrainte, ou pour vivre avec elle.

Ces mécanismes identitaires permettent d'entrevoir le fonctionnement de l'identité ; ils disent *comment ça marche,* ils permettent de mieux comprendre la dynamique des identifications, ainsi que les raisons des idées que l'individu a de lui-même. Ils disent comment l'individu se situe activement dans son milieu social, ce qui le guide dans ce milieu. Ils mettent en évidence les réglages individuels de la conduite ainsi que les cadres – en particulier les manières d'être – dans lesquels ces réglages s'effectuent. L'étude de l'identité se trouve ainsi d'emblée située sur le plan des liens micro-macro.

Outre les contenus et les mécanismes identitaires, il y a aussi des traits identitaires, qui se rattachent à la personnalité, et dont nous avons examiné deux dimensions essentielles, leadership-soumission, et affirmation-retrait. Ces deux manières d'être avec les autres doivent être distinguées : on peut chercher à s'affirmer sans être un leader, et on peut vivre dans l'effacement de soi sans être soumis.

Le thème de l'identité est un des problèmes centraux des sciences sociales. Je n'ai fait que suggérer que l'approfondissement de cette question passe par une réflexion à la fois psychologique et sociologique. La psychologie, qui réduit l'identité à des identifications doit s'accompagner d'études plus macro. Les études simplement psychologiques conduisent à sous-estimer la complexité de l'organisation des appartenances sociales et des identifications, et, d'une manière générale, à réifier l'identité. Les études uniquement sociologiques ne peuvent pas voir les mécanismes identitaires sur lesquels j'ai insisté. Les approches ne sauraient non plus être univoques. Du point de vue psychologique, quand un individu dit qui il pense être, sa « méthode d'investigation » est essentiellement subjective et largement phénoméno–logique ; il faut donc la compléter par l'observation rigoureuse de ses conduites, et une comparaison systématique avec celles d'autres individus. Du point de vue sociologique, on peut chercher à capter ce qui fait l'essentiel d'une culture ou d'une identité collective, mais il faut alors soumettre les hypothèses ainsi faites à des tests, c'est-à-dire les confronter avec la réalité. C'est donc un travail de coordination interdisciplinaire et de dépassement des cloisonnements qui est suggéré ici.

BIBLIOGRAPHIE DES OUVRAGES CITÉS

Alberoni F. (1995), *Les envieux*, Paris, Plon.

Aronson E. (1998), *The social animal*, Nwe York, W. H. Freeman.

Asch S. (1956), Studies of independence and conforrnity : I. A minority of one against a unanimous majority, *Psychological Monographs, 70*, 1-70.

Ash T. G. (1990), *We the people : The revolution of 89*, Cambridge, Granta Books.

Ball D. W. (1972), What the action is : A crosscultural approach. *Journal for the theory of Social Behavior, 2*.

Bandura A. (1977), *Social learning theory*, Englewood Cliffs, Prentice-Hall.

Bateson G. (1980), *Vers une écologie de l'esprit*, vol. 2, Paris, Seuil.

Bayart J.-F. (1996), *L'illusion identitaire*, Paris, Fayard.

Bennett P. (1990), *Emily Dickinson : Woman poet*, New York, Harvester.

Berry, J. W. (2005) Acculturation: living successfully in 2 cultures. *International Journal of Intercultural Relations, 29*, 697-712.

Boltanski L. et Thévenot L. (1991), *De la justification : les économies*
    de la grandeur, Paris, Gallimard.

Bourdieu P. (1979), *La distinction*, Paris Éditions de Minuit.

Bourne E. (1978), The state of research on ego identity : A review and appraisal, *Journal of Youth and Adolescence, 7*, 223-247.

Brinkgreve C. (1982), On modern relationships : The command ments of the new freedom, *The Netherland Journal of Sociological Theory*, 18, 47-56

Bronner, G. (2013) *La démocratie des crédules*. Paris, PUF.

Bunge M. (1980), *The mind-body problem,* Oxford, Pergamon Press.

Casenave M. (1996), Religions, vision, et prophéties, in J. Baudrillard *et al., les sciences de la prévision,* Paris, Le Seuil.

Chauchat H (1999), Du fondement social de l'identité du sujet, in H. Chauchat et A. Durand-Delvigne, *De l'identité du sujet au lien social,* Paris, PUF.

Cialdini R. B. (1985), *Influence : Science and practice*, Glenview, IL : Scott, Foresman and Company.

Combs A. W. Et Snygg D. (1959), *Individual behavior,* New York, Harper

Cooley C. H. (1964), *Human nature and social order,* New Yourk, Schocken Books.

Cousin V. (1867), *Histoire générale de la philosophie,* Paris, Didier.

Cushman P. (1990), Why the self is empty : Toward a historically situated psychology, *American Psychologist, 45,* 599-611.

Darwin C. (1872), *The expression of emotions in men and animals,* London, John Murray.

De Singly F. (1998), La fabrique familiale de soi, *in* J. C. Ruano Borbalan, *L'identité,* Auxerre, Sciences humaines.

Diehl J. F. (1981) *Dickinson and the romanitic imagination,* Princeton, Princeton University Press.

Diggory, J. C. (1996) *Self-evaluation : Concepts and studies,* New Yourk, John Wiley.

Dodds E. R. (1995) *Les Grecs et l'irrationnel,* Paris, Flammarion.

Dortier J.-F. (1998), L'individu dispersé et ses identités multiples, *in* J.C Ruano-Borbalan, *L'identité,* Auxerre, Sciences humaines.

Dostoïevski F. M. (1926), *Dostoïevski à la roulette,* Paris, Gallimard.

Dostoïevski F. M. (1995), *Notes d'un souterrain,* Paris, GF-Flammarion.

Dumonchel P. Et Dupuy J. P. (1979), *L'enfer des choses : René Girard et la logique de l'économie,* Paris, Seuil.

Dupuy J. - P. (1992), *Introductions aux sciences sociales : logique des phénomènes collectifs,* Paris, Ellipses.

Dukheim E. (1993), *Les règles de la méthode sociologique, Paris,* PUF.

Dürrenmatt F. (1990), *Pour Vaclav Havel,* Genève, Editions Zoé.

Eisenstadt S.N. (1982), The axial age : The emergence of transcendental visions and the rise of the clerics, *European Journal of Sociology, 23,* 294-314.

Eisenstadt S.N. (1987), *European civilization in a comparative perspective,* Oslo, Norvegian University Press.

Ekman P. Et Friesen W. (1982) Felt, false, and miserable smiles, *Journal of Non-Verbal Behavior, 6,* 238-252.

Elias N. (1939), *The history of manners,* Oxford, Basil Blackwell, 1978.

Elster J. (1986), *Le laboureur et ses enfants,* Paris, Minuit.

Erikson E. H. (1972), *Adolescence et crise : la quête de l'identité,* Paris, Flammarion.

Erikson E. H. (1982), *Enfance et société,* Neuchâtel, Delachaux & Niestlé.

Ernaux A. (1983), *La place,* Paris, Gallimard.

Fitts W. H. (1981), *The self concept and performance,* Nashville Dede Wallace Center.

Foster, G. M.(1962) *Traditional Cultures and the Impact of Technological Change,* New York, Harper & Bros.

Fowles J. (1980), *The collector,* New Yourk, Dell.

Freud S. (1985), *L'inquiétante étrangeté,* Paris, Gallimard.

Fromm E. (1995), *The essential Fromm : Life between having and being,* New York, Continuum.

Fuchs E. (1996), *La morale selon Calvin,* Paris, Cerf.

Gallatin M.-L. (1938), Les ordonnances somptuaires à Genève au XVIe siècle, *Mémoires et documents publiés par la Société d'histoire et d'archéologie de Genève, 36,* 191-277.

Garai L. (1986), Social identity : Cognitive dissonance or paradox?, *New ideas in Psychology, 4,* 311-322.

Gardner H. (1996), *Leading minds : An anatomy of leadership,* London, Harper Collins.

Gary R. (1960), *La promesse de l'aube,* Paris, Gallimard.

Gaulejac V. (1996), *Les sources de la honte,* Paris, Desclée de Brouwer.

Gaulejac V. (1998), Les dégâts du changement, *in* J. C. Ruano-Borbalan, *L'identité,* Auxerre, Sciences humaines.

Geertz C. (1973), *The interpretation of cultures,* NewYork, Basic Books.

Genet J. (1949), *Journal du voleur,* Paris, Gallimard, 1982.

Gergen K. (1985), The social constructionist movement in modern psychlogy, *American Psychologist, 40,* 266-275.

Girard R. (1972), *La violence et le sacré,* Paris, Grasset.

Goffman E. (1967), *Interaction ritual,* New York, Anchor Doubleday.

Goffman E. (1969), *The presentation of self in everyday life,* London, Penguin Press.

Goffman E. (1974), *Frame analysis,* New York, Harper & Row.

Gouldner A. (1965), *Enter Plato : Classical Greece and the origins of social theory,* New York, Basic Books.

Green A. (1995), Atome de parenté et relations oedipiennes, *in* C. Lévi-Strauss, *L'identité,* Paris, PUF.

Greenwood John D. (1994), *Realism, identity and emotion,* London, Sage.

Grenier J. (1972), Introduction, *in* J.-J. Rousseau, *Les rêveries du promeneur solitaire,* Paris, Gallimard.

Gusdorf G. (1991), *Les écritures du moi*, Paris, Odile Jacob.

Harré R. (1979), *Social being : A theory for social psychology, Oxford*, Basil Blackwell.

Harré R. (1986), Social sources of mental content and order, *in* J. Margolis *et al.* (Eds), *Psychology : Designing the discipline,* Oxford, Basil Blackwell.

Keller M. (1985), *La machine et les rouages : la formation de l'homme soviétique*, Paris, Calmann-Lévy.

Hermans H. J. (1976), *Value areas and their development.* Amsterdam, Swets and Zeitlinger.

Hewitt J. (1989), *Dilemmas of the american self,* Philadelphia, Temple University Press.

Hirschman A. O. (1972), *Face au déclin des entreprises et des institutions*, Paris, Les Editions Ouvrières.

Horney K. (1950), *Neurosis and human growth : The struggle toward self-realisation*, New York, W. W. Horton.

Hrdy S. B. (1984), *Des guenons et des femmes*, Paris, Tierce.

Huteau, M. (1987), *Style cognitif et personnalité : la dépendance-indépendance à l'égard du champ*. Lille, Presses Universitaires de Lille.

D'Iribarne P. (1989) *La logique de l'honneur : gestion des entreprises et traditions nationales.* Paris, Seuil.

James W. (1910), A suggestion about mysticism, *Journal of Philosophy, Psychology and Scientific Methods, 7,* 85-92.

Jones E. E. et Gerard H. B. (1967), *Foundations of social psychology,* New York, Wiley.

Jourard S. M. (1971), *Adolescence*, New York, Harper.

Jung C. G. (1966), *Modern man in search of a soul*, London, Routledge.

Kapteyn P. (1985), Even a good education gives rise to problems : The changes in authority between parents and children, *Concilium, 5,* 19-33.

Kardiner A. (1969), *L'individu dans la société, essai d'anthropologie psychanalytique,* Paris, Gallimard.

Kellerhals J., Coenen-Huther J. et Modak M. (1988), *Figures de l'équité*, Paris, PUF.

Kluckhohn C. et Murray H. A. (1949), *Personality in nature, society, and culture*, New York, A. Knopf.

Kohlberg L., Levine C. et Hewer A. (1985), *Moral stages : A current formulation and a response to critics*, Bâle, Karger.

Laing R. D. (1971), *Soi et les autres*, Paris, Gallimard.

Le Breton D. (1995), Sociologie du risque, Paris, PUF.

Levinas E. (1982), *De l'évasion*, Paris, Fata Morgana.

Levita D. (1966), On the psychoanalytic concept of identity, *International Journal of Psycohanalysis*, 47, 299-305.

Lewis H. B. (1971), *Shame and guilt in neurosis*, New York, International Universities Press.

Ludwig R. M. (1973), Emily Dickinson. *McGraw Hill Encyclopedy of World Biography*, New York, McGraw Hill.

Lynd H. M. (1958), *On shame and the search for identity*, New York, Science Éditions.

Maalouf, A. (1998) *Les identités meurtrières*. Paris, Grasset.

McDougall W. (1980), *An introduction to social psychology*, London, Methuen.

Mennell S. (1992), *Norbert Elias : An introduction*, Oxford, Blackwell Publishers.

Merton R. K. (1957), *Social theory and social structure*, Glencoe, Free Press.

Minsky M. (1988), *La société de l'esprit*, Paris, InterÉditions.

Moessinger P. (1989), *Psychologie morale*, Paris, PUF.

Moessinger P. (1991), *Les fondements de l'organisation*, Paris, PUF.

Moessinger, P. (1996) *Irrationalité individuelle et ordre social*. Genève, Librairie Droz.

Moessinger P. (2000), *The paradox of social order*, New York, De Gruyter.

Montagner H. (1978), *L'enfant et la communication*, Paris, Stock.

Montandon C. (1982), Un mécanisme de contrôle social : la honte. Analyse d'un concept négligé, *Revue européenne des Sciences sociales, 20, 23-61*.

Morishima, M. (1982), *Why has Japan « succeeded » ? Western technology and the japanese ethos*, Cambridge, Cambridge University Press.

Moscovici S. (1979), *Psychologie des minorités actives*, Paris, PUF.

Obalk H., Soral A. et Pasche A. (1984), *Les mouvements de mode expliqués aux parents*, Paris, Robert Laffont.

Oechsli M. (1990), Self-image and success, *Insurance Sales, 133,* 38-40.

Piaget J. (1927), *Le jugement moral chez l'enfant*, Paris, Alcan.

Piaget J. (1965), *Sagesse et illusions de la philosophie*, Paris, PUF.

Piaget J. (1975), *L'équilibration des structures cognitives*, Paris, PUF.

Piaget J. (1977), *Recherches sur l'abstraction réfléchissante*, vol. 1 et 2, Paris, PUF.

Piers G. et Singer M. B. (1953), *Shame and guilt : A psychoanalytic and a cultural study*, Springfield, IL : Charles C. Thomas.

Redfield R. (1957), The universally human and the culturally variable, *Journal of General Education, 10*, 150-168.

Robert M. (1960), *Préface* à l'Institut Benjamenta de Robert Walser, Paris, Gallimard.

Robreau Y. (1981), *L'honneur et la honte*, Genève, Droz.

Rogers C. R. (1977), *On becoming a person*, London, Constable.

Rosenberg M. (1965), *Society and the adolescent self-image*, New Jersey, Princeton University Press.

Rosenberg S. et Jones R. A. (1972), A method of investigation and representing a person's implicit personality theory, *Journal of Personality and Social Psychology*, *22*, 372-386.

Rougemont de, D. (1939) *L'amour et l'Occident,* Paris, Plon.

Saint-Augustin (1993), *Confessions*, Paris, Gallimard.

Sampson E. E. (1985), The decentalization of identity : Towards a revised concept of personal and social order, *American Psychologist, 40*, 1203-1211.

Sartre J.-P. (1943), *L'être et le néant, essai d'ontologie phénoménologique*, Paris, Gallimard, 1975.

Sartre J.-P. (1952), *Saint Genet, comédien et martyr*, Paris, Gallimard, 1988.

Sartre T. J. (1990), *Microsociology : Discourse, emotion, and social structure*, Chicago, The University of Chicago Press.

Schnapper D. (1998), Existe-t-il une identité française ?, *in* J. C. Ruano-Borbalan, *L'identité*, Auxerre, Sciences humaines.

Schoeck H. (1996), *L'envie : une histoire du mal*, Paris, Les Belles Lettres.

Selman R. (1980), *The growth of interpersonal understanding*, New York, Academic Press.

Shanon B. (1993), *The representational and the presentational : An essay on cognition and the study of mind*, New York, Harvester.

Sluzki C. E. et Veron E. (1981), La double contrainte comme situation pathogène universelle, *in* P. Watzlawick et J. H. Weakland, *Sur l'interaction*, Paris, Le Seuil.

Snyder M. (1980), The many me's of the self-monitor, *Psychology Today*, March, 86-90.

Sperry R. W. (1976), Mental phenomenas causal determinants in brain function, *in* G. G. Globus *et al., Consciousness and the brain*, New York, Plenum.

Spiro M. E. (1987), *Culture and human nature : Theoretical papers of Melford E. Spiro*, Chicago, The University of Chicago Press.

Stark W. (1976-1987), *The social bond : Au investigation into the bases of law-abidingness*, vol. I-VI, New York, Fordham University Press.

Suits B. (1978), *The grasshopper : Game, life, and utopia*, Toronto, University of Toronto Press.

Swaan A., de (1981), The politics of agoraphobia, Theory *and Society, 10,* 359-385.

Sztompka P. (1993), *The sociology of social change,* Oxford, Blackwell Publishers.

Sztompka P. (1998), The vicissitudes of the moral bond in contemporary society, Montréal, 14th World Congress of Sociology.

Tapie B. (1986), *Gagner*, Paris, Laffont.

Taylor G. (1985), *Pride, shame and guilt*, Oxford, Clarendon Press.

Tisseron S. (1992), *La honte : psychanalyse d'un lien social*, Paris, Dunod.

Todorow T. (1995), *Essai d'anthropologie générale*, Paris, Seuil.

Toulmin S. (1990) *Cosmopolis*, New York, Free Press.

Tournier M. (1989), *Le médianoche amoureux*, Paris, Gallimard.

Von Foerster H. (1991), Trough the eyes of the other, *in* F. Steier (éd), *Research and reflxivity*, London, Sage.

Weber M. (1921), *Économie et société*, Paris, Plon, 1971.

Weber M. (1966), *Gesammelte Aufsätze zur Religionsoziologie,* vol. 2, Tübingen, JCB Mohr.

Weinrich P. (1980), *A manual for identity exploration using personal constructs*, London, Social Science Research Council.

Williams B. (1997), *La honte et la nécessité*, Paris, PUF.

Wouters C. (1986), Formalization and informalization : Changing tension balances in civilizing processes, *Theory, Culture and Society*, *3* (2), 1-18.

Wylie R. C. (1989), *Measures of self-concept*, London, University of Nebraska Press.

Zavalloni M. (1990), L'effet de résonance dans la création de l'identité et des représentations sociales, *Revue internationale de psychologie sociale*, *3*, 407-428.

Zavalloni M. et Louis-Guérin C. (1984), *Identité sociale et conscience Introductions à l'égo-écologie*, Toulouse, Privat.

Zinoviev A. (1977), *Les hauteurs béantes*, Lausanne, L'Age d'homme.

Zinoviev A. (1979), *Notes d'un veilleur de nuit*, Paris, Union générale d'Éditions.

---

[1] Dans le domaine de la sociologie, selon cette perspective béhavioriste, le fonctionnement d'un système social n'est fonction

que de son environnement, et non, par exemple, de la volonté des acteurs, de leurs représentations, de leur rationalité, ou des interactions qui les connectent. Les processus sociaux échappent aux néopositivistes. Ils ne peuvent par exemple dire pourquoi une nouveauté se diffuse d'abord lentement, puis plus vite, ils ne peuvent comprendre pourquoi les bureaucraties sont conservatrices, pourquoi certaines populations se concentrent dans les villes, des phénomènes tels que les conflits, l'ordre social ou la cohésion sociale leur échappent aussi. Il faut, pour comprendre ces phénomènes, partir d'une systématisation des observations, faire des hypothèses sur les processus sous-jacents, en particulier sur les interactions sociales sur lesquelles ces phénomènes reposent.

[2]James (1890, cité par Levita, 1966, p. 300). Rappelons que James (1910) faisait des rêves de perte d'identité, qu'on cite aujourd'hui comme exemples de cas *boderline.*

[3] Piaget (1965) s'attaque à cette illusion avec beaucoup d'entrain dans *Sagesse et illusions de la philosophie,* en particulier dans le chapitre intitulé « Le faux idéal d'une connaissance suprascientifique ».

[4] Parmi les théoriciens qui suivent cette approche, on peut citer Erikson (1968), Jourard (1971), Horney (1950), Jung (1966), Rogers (1977), Rosenberg (1965), ou Combs et Snygg (1959).

[5] Ici, on peut citer Bandura (1977), Greetz (1973), Gergen (1985), Goffman (1969), ou Sampson (1985).

[6] Pour exemples de tels travaux on peut se reporter à Diggory (1966) ; Hermans (1976) ; Oechsli (1990) ; Rosenberg et Jones (1972) ; Wylie (1989) ; ou Zavalloni et Louis-Guérin (1988).

[7] Il faut distinguer « monde » (Boltanski et Thévenot, 1991) et « manière d'être au monde ». Le monde est un idéal type, c'est-à-dire une sorte de caricature, qu'on ne saurait mettre à l'épreuve des faits, tandis que la manière d'être au monde est une propriété (supposée) d'un individu et d'un système social, et peut être

confrontée à la réalité. Le « rapport au monde » (Chauchat, 1999) diffère aussi de la manière d'être au monde. Le rapport au monde est la manière de se situer par rapport aux autres, la manière d'être au monde situe ce positionnement dans le cadre de la question (plus ou moins explicite) du sens de l'existence.

[8] Ce fut par exemple le cas d'écrivains tels qu'Emily Dickinson ou Robert Walser, dont nous parlerons plus loin, plus récemment de Maurice Blanchot, J. D. Salinger, Réjan Ducharme, ou Thomas Pinchon, même si les raisons de leur retrait sont peu connues, et sans doute diverses.